- DIPLOMICA -

BAND 16

Herausgegeben von Björn Bedey

Frauen in Führungspositionen

Ein interkultureller Vergleich USA - Deutschland

von

Solveig Klemm und Claudia Martin

Tectum Verlag
Marburg 2004

Die Reihe *diplomica* ist entstanden aus einer Zusammenarbeit der
Diplomarbeitenagentur *diplom.de* und dem *Tectum Verlag*.
Herausgegeben wird die Reihe von Björn Bedey.

Klemm, Solveig:
Frauen in Führungspositionen.
diplomica, Band 16
/ von Solveig Klemm
- Marburg : Tectum Verlag, 2004
ISBN 978-3-8288-8656-8

Tectum Verlag
Marburg 2004

INHALTSVERZEICHNIS

ABBILDUNGSVERZEICHNIS

TABELLENVERZEICHNIS

1 EINLEITUNG

„Berufstätigkeit von Frauen ist sicherlich mittlerweile kein Thema mehr, das von der Mehrheit der Gesellschaft kontrovers diskutiert würde. Im Gegenteil: Ein einfaches Gedankenexperiment kann am ehesten verdeutlichen, wie fest Frauen in das Gefüge der Arbeitswelt integriert sind. Man stelle sich vor, die Frau würde per Dekret aus der Arbeitswelt verbannt: Wirtschaft und Verwaltung, alle Sektoren der Arbeitswelt brächen zusammen. Man führe das Gedankenexperiment weiter: Ein anderes Dekret verbannte die Frau aus Führungspositionen. Ein Teil der LeserInnen wird sagen, dies sei durchaus kein Experiment, sondern praktizierte Realität, nur eben ohne explizites Dekret." (Stengel, 1990, S. 67)

In den letzten Jahren wurde in der Gesellschaft, in der Politik und in den Unternehmen verstärkt über das Thema „Frauen im Management" diskutiert. Denn der Einstieg in eine Führungsposition und der berufliche Aufstieg innerhalb eines Unternehmens sind für Frauen zwar keine Unmöglichkeit mehr, aber eine Selbstverständlichkeit wie für Männer sind beide noch lange nicht.

Diese Arbeit beschäftigt sich deshalb sowohl mit der Entwicklung und der derzeitigen Situation von Frauen in Führungspositionen als auch mit den Gründen, die Frauen am Eintritt in die Führungsetagen hindern. Zur Überwindung der Barrieren sollen im Kapitel 'Fördermaßnahmen' Lösungsmöglichkeiten angeboten sowie Förderprogramme von fünf deutschen Unternehmen vorgestellt werden. Desweiteren beschreibt ein Kapitel das Führungsverhalten von Frauen und untersucht, inwieweit sich dieses von den Männern unterscheidet, inwieweit es sich mit den Anforderungen in der Wirtschaft vereinbaren lässt und ob die Zweifel an den Fähigkeiten von Frauen berechtigt sind.

Da die Managementliteratur sich häufig auf die Entwicklungen in den USA bezieht, soll sich der erste Teil auf die Geschichte und die jetzige Lage der amerikanischen Managerinnen beziehen, bevor auf die Entwicklung und Situation der deutschen Führungsfrauen eingegangen wird. Die historische Betrachtung der beiden Kulturen soll Aufschlüsse über die Vergleichbarkeit und Übertragbarkeit der Daten liefern. In den darauf folgenden Kapiteln wird der Schwerpunkt auf Deutschland gelegt.

„Ich habe noch nie verstanden, warum Frauen nicht stärker in die Führungsetagen der Wirtschaft vorgelassen werden", sagt Hans-Olaf Henkel, Präsident des Bundes- verbandes der deutschen Industrie e.v.. (http://focus.de/D/DB/DBQ/DBQB/db qbf.htm) Aus diesem Grund war es ein Bedürfnis, sich mit dieser Thematik ausein- ander zu setzen.

Wichtig ist, immer mehr Personen nicht nur für diese Problematik zu sensibilisieren, sondern sie zu motivieren, sich selbst aktiv für einen entsprechenden Fortschritt ein- zusetzen. Frauenförderung darf kein kurzfristiges Modethema sein. (vgl. Stengel, 1990)

2 FRAUEN IN FÜHRUNGSPOSITIONEN: USA

2.1 Geschichte der Frauenarbeit in den USA

Dieses Kapitel beschäftigt sich mit den verschiedenen historischen, gesellschaftli- chen, rechtlichen und strukturellen Faktoren, die den Frauen den Zutritt in Führungs- positionen ermöglicht und verhindert haben. Sie dienen als Verständnisgrundlage für alle nachfolgenden Erläuterungen, die sich auf die USA beziehen.

Die Entwicklung der Frauenerwerbstätigkeit wird in die Ausführungen einbezogen, weil dadurch das zunehmende Interesse der Frauen am wirtschaftlichen Leben über viele Jahrzehnte deutlich wird. Gleichzeitig treten bei der Behandlung Vorurteile ge- genüber berufstätigen Frauen auf, die heute immer noch Bestand haben. Außerdem wird detaillierter auf die gesetzlichen Bestimmung zugunsten von Frauen eingegan- gen, weil diese einen entscheidenden Einfluss auf die gegenwärtige Präsenz von Frauen in Führungspositionen haben.

2.1.1 Bis zum ersten Weltkrieg

Durch die europäische Besiedlung erreichte auch Amerika die Rollenverteilung der Geschlechter. Die Frauen kümmerten sich von da an um die Kinder und den Haus- halt.

Ein aus dem Englischen übernommenes Gesetz besagte, dass Frauen ihre Geschäftsfähigkeit durch ihre Heirat verloren und alle Aktivitäten außerhalb des Haushaltes die Zustimmung des Ehemannes bedurften. Somit beschränkte sich ihr Wirkungskreis größtenteils auf die Familie und gegebenenfalls auf den familieneigenen Betrieb. (vgl. Chafe zit. in: Alpern, 1993, S. 21) Einige Frauen erhielten dort die Möglichkeit in Abwesenheit des Vaters oder Ehemannes vertretungsweise ihre Organisations- und Managementfähigkeiten zu entwickeln.

Nach der Amerikanischen Revolution nahmen zunehmend junge weiße Frauen und Immigrantinnen eine niedrig bezahlte Arbeit in Fabriken auf. Dass Frauen in der Vergangenheit immer im Haushalt ohne Bezahlung arbeiten mussten, unterstützte die gesellschaftliche Einstellung, dass sie deshalb auch einen geringeren Lohn als Männer verdienten. Diese Meinung sollte das zukünftige geschlechtsspezifische Lohngefälle beeinflussen.

Die Zahl der werktätigen Frauen betrug im Jahre 1840 ca. 10 %, wobei die in Familienbetrieben arbeitenden Frauen nicht mitgezählt wurden. Das heißt, dass die tatsächliche weibliche Beschäftigungszahl in den Statistiken unterschätzt wurde. In dieser Zeit wurde bereits der Grundstein für die Frauenberufe gelegt. Entsprechend ihren Kenntnissen und Fähigkeiten wurden die Frauen in kriegsfreien Jahren als Haushälterinnen, Krankenschwestern und Lehrerinnen beschäftigt.

Während des Bürgerkrieges (1861-1865) arbeiteten viele Frauen in ca. 20.000 Hilfsorganisationen, die Soldaten mit Essen, Kleidung und Medizin versorgten und im Norden des Landes von Frauen geleitet und von der Gesundheitskommission koordiniert wurden. Aufgrund des Arbeitskräftemangels im Bürgerkrieg wurden Frauen nicht nur in Fabriken sondern auch in der Verwaltung eingesetzt. (vgl. Alpern, 1993, S. 26)

Mit der Erfindung der Schreibmaschine (um 1870), die nie zuvor von Männern bedient wurde, konnte dieses Feld problemlos den Frauen überlassen werden. Männer hatten Angst vor dem Zutritt der Frauen in ihre Bereiche und Funktionen, weil dadurch die Arbeit abgewertet wurde und Anerkennung verlor, wenn eine Frau diese gleichermaßen erledigen konnte. (vgl. ebenda) Der erste Schritt in Organisations- und Verwaltungstätigkeiten außerhalb der Familie und für jeden sichtbar war getan.

Die Frauen zogen also Nutzen aus den neuen Technologien. So gründete beispielsweise Mary Foot Seymour (1846-1893) die erste *Union School of Stenography* in New York City, nachdem sie sich selbst das Stenografieren beibrachte. Sie publizierte das *Business Women's Journal*, das die Arbeit von erfolgreichen Frauen hervorhob und Artikel enthielt, die für Angestellte und Manager von Interesse sein könnten.

In dieser Zeit liegen die Anfänge von Frauenförderung und -unterstützung. Das Engagement von Frauen für Frauen stieg. Im Jahre 1911 gründeten New Yorkerinnen das *Intercollegiate Bureau of Occupations,* das Frauen beim Berufsstart unterstützte, indem es Informationen verschaffte und Studien zu wirtschaftlichen Konditionen und Einstiegsproblemen durchführte.

Im 19. Jahrhundert nutzten zunehmend weiße Frauen der Ober- und Mittelklasse die höheren Bildungsmöglichkeiten. Im Jahre 1870 studierten nur 0,7 % aller im studienfähigen Alter befindlichen Frauen (18-21 Jahren) und hielten 21 % der Collegeplätze. Bereits 1920 nahmen 7,6 % am Collegeunterricht teil, was fast eine annähernd gleiche Verteilung bewirkte (47,3 % waren Frauen am College). Diese Zahlen gelten jedoch nicht gleichermaßen für die schwarzen Frauen. Im Jahre 1890 hatten nur 30 weibliche Schwarze das Abitur abgelegt, im Vergleich zu 300 schwarzen Männern und 2.500 weißen Frauen. (vgl. Alpern, 1993) Das Interesse der Frauen an einer qualifizierten Ausbildung ist gestiegen, wobei an den Zahlen die Rassenproblematik zu erkennen ist, auf die an dieser Stelle jedoch nicht näher eingegangen werden soll.

Doch es ist deutlich geworden, dass die zunehmende Bildung von Frauen nicht gleichzeitig den Eintritt in besser bezahlte Berufe zur Folge hatte. Vielmehr drangen Frauen immer stärker auch als Kleinunternehmerinnen in das Wirtschaftsleben ein, indem sie insbesondere Produkte für Frauen herstellten.

Im 20. Jahrhundert stieg die Zahl der berufstätigen Frauen. Sie übernahmen nicht nur Tätigkeiten im wirtschaftlichen Leben sondern mussten gleichzeitig ihrer traditionellen Rolle als Hausfrau und Mutter nachkommen. In dem im Jahre 1900 heraus-gegebenen Buch *'Helps for Ambitious Girls'* von William Drysdale wurde die Einstel-lung der Männer zu Karrierefrauen deutlich: *„Whether at study or at work, home should be to her the centre of the earth"* (Drysdale zit. in: Alpern, 1993, S. 28) Auch wenn dieser Ausspruch fast ein Jahrhundert zurückliegt, können sich heute noch ei-ne Vielzahl von Männern und auch Frauen mit dieser Meinung identifizieren. Sie spiegelt sowohl das noch allgemein bestehende Rollenverständnis als auch Vorur-teile gegenüber Frauen in Führungspositionen wider. Frauen haben schließlich über Jahrhunderte die Pflicht erworben, sich um die Familie und den Haushalt zu küm-mern, damit der Mann reibungslos arbeiten und die Familie ernähren kann.

2.1.2 Die Weltkriege und das Wahlrecht für Frauen

Speziell in Kriegsjahren griff auch die Industrie zunehmend auf das weibliche Ar-beitskräftepotential zurück, was sich auf die Weiterentwicklung der Frauen im wirt-schaftlichen Leben auswirkte. Obwohl einige schwarze Frauen, die aufgrund ihres Geschlechtes und ihrer Rassenzugehörigkeit doppelt benachteiligt wurden, während des Krieges den Sprung von der Haushälterin zur Fabrikarbeiterin geschafft hatten, mussten sie ihre Arbeitsplätze nach Kriegsende wieder an die Männer abgegeben und ihre alten Stellen als Haushälterinnen wiederaufnehmen. Deshalb konnte auch nach dem ersten Weltkrieg keine Zunahme der Frauenerwerbstätigkeit festgestellt werden (1910: 23 %; 1920: 21 %).

Auf der anderen Seite drangen weiße Frauen zunehmend in Bereiche ein, die ihnen aufgrund ihres Geschlechtes bis dato verwehrt blieben. So waren 1920 32 % und 1950 bereits 40 % der berufstätigen Frauen im Angestelltenbereich *(White-Collar-Occupations)* beschäftigt. Das bedeutet jedoch nicht, dass den Frauen die Führung von Abteilungen oder Unternehmen übertragen wurde. Ihre Fähigkeiten wollten die Männer zu dieser Zeit noch stärker als heute nicht erkennen. Insgesamt waren 7 % aller berufstätigen Frauen im Jahre 1920 in *Executive, Manager* und *Administrator* Positionen. (vgl. Alpern, 1993, S. 31 f.)

Die folgenden Errungenschaften für Frauen können vor allem den in den USA stark engagierten Frauenorganisationen verdankt werden, die beispielsweise die Gründung des staatlichen *Women's Bureau* erreichte, das die Frauenrechte in die Regierungspolitik einbringen und vorantreiben soll. So erhielten die Frauen im Jahre 1920 das Wahlrecht, was jedoch nicht mit anderen Bürger- und politischen Rechten gleichbedeutend war. Weitere Gleichstellungsgesetze folgten in den 1960ern.

Unter Präsident Franklin Roosevelt (1933-1945) übernahmen Frauen erstmals hohe Regierungsämter während seiner *New Deal* Jahre, in denen er für eine neue und gerechtere Verteilung der wirtschaftlichen und politischen Chancen in Amerika eintrat. (vgl. Flessner, 1995, S. 521) Dem so genannte *Women's Network* gehörten 28 Frauen, die in Regierung und Politik engagiert waren, sowie das erste weibliche Kabinettsmitglied an. Obwohl Frauen noch immer als Eindringlinge im Wirtschaftsleben bezeichnet wurden, hatte die Regierungsaktion eine Vorbildwirkung.

Der zweite Weltkrieg konnte als Durchbruch für die Frauen im Mittleren Management bezeichnet werden. Im Jahre 1940 hielten sie 11,7 % der Managementtätigkeiten. Nach Beendigung des Krieges 1945 kletterte die Zahl auf 17,4 %, fiel jedoch bis 1947 auf 13,5 % (vgl. Campbell zit. in: Alpern, 1993, S. 38). Der Grund dafür könnte einerseits in dem während des Krieges vorherrschenden Arbeitskräftemangels und andererseits in der Angst der Männer vor einem Machtverlust in der Wirtschaft liegen.

Während in den zwanziger Jahren die Zahl der Publikationen über erfolgreiche Unternehmerinnen und Zukunftsberufe für Frauen anstieg und damit die Frauen ermutigt wurden, ihre Karriere zu starten, vertrieb die Nachkriegsliteratur Frauen von den errungenen Positionen. Die Autoren warnten die Frauen vor der Wahl von Männerberufen, wie Jura, Mathematik, Physik, Wirtschaft, Industrie und Technologie. (vgl. Alpern, 1993, S. 39) Diese Veröffentlichungen waren ein deutlicher Hinweis auf die Angst der Männer, dass Frauen in ihre Domäne eindringen und die Aufgaben gleichermaßen bewältigen könnten. Eine damit verbundene Abwertung der männlichen Leistungen, da Frauen geschlechtsrollentypisch zum „schwachen Geschlecht" gehören, führte zum Widerstand gegenüber Frauen beim Eintritt in Führungspositionen. Dieses Verhalten kann bis in die heutige Zeit verfolgt werden und wird bei den Hindernissen, die Frauen überwinden müssen, um in Managementbereiche vordringen zu können, erneut auftreten.

2.1.3 1960 bis Gegenwart

2.1.3.1 Reformen und frauenfördernde Gesetzgebung

In den USA führten die Frauenorganisationen einen offensiven Kampf um die Gleich-stellung bzw. Chancengleichheit von Frauen. Benachteiligung und Diskriminierung waren sensible Begriffe aus der Geschichte der Vereinigten Staaten. Deshalb for-mierten sich Gruppen, um für die Rechte der Minoritäten, zu denen auch Frauen in Führungspositionen gehörten, zu kämpfen.

Nach der Durchsetzung des Wahlrechts für Frauen blieben weitere Gleichberechti-gungsgesetze bis zu den 1960er Jahren aus. Präsident Kennedy, bekannt für sein Engagement gegenüber unterdrückten Gruppen, zollte der Angelegenheit Aufmerk-samkeit, so dass Frauen mit Karriereambitionen Hoffnung schöpften. Im Jahre 1961 rief er die *Commission on the Status of Women* ins Leben, die die Geschlechterdis-kriminierung in der Wirtschaft beseitigen sollte. Nachdem im Jahre 1963 das *Equal Pay Act* erlassen wurde, bestand auch im Jahre 1964 das *Civil Right Act*, in dessen VII. Abschnitt die Diskriminierung auf der Basis des Geschlechts, der Rasse, der Far-be, der Religion und der nationalen Herkunft verboten wurde. (vgl. Alpern, 1993, S. 41 f.) Der Kongress änderte seine Frauenpolitik, die nun auf Chancengleichheit beruhte. Mit den Ausführungsverordnungen 11246 von 1965 und 11375 von 1968 wurden allen Unternehmen, die mit dem Staat Verträge eingingen, zur Auflage ge-macht, Angehörige ethnischer Minderheiten und Frauen bei gleicher Qualifikation bevorzugt einzustellen und zu fördern, bis die geschützten Gruppen auf allen Ebenen einen Beschäftigungsanteil erreicht haben, der ihrem Anteil an der Arbeitsbevöl-kerung entspricht. (vgl. Kramer, 1995, S. 20)

Der *Supreme Court* entschied, dass die meisten Gesetze, die Frauen über ihr Ge-schlecht und ihre Stellung in der Familie als Ehefrau und Mutter definierten, verfas-sungswidrig seien. (vgl. Carls, 1995, S. 757) Es war bis 1991 sehr schwierig für Frauen, ihre Diskriminierung in einem Gerichtsverfahren nachzuweisen. Zwischen 1971 und 1980 gewannen Frauen in nur 34 % der Fälle. Mit Unterzeichnung des *Civil Right Act* von 1991 wurde es einfacher für die Klägerinnen, in einem Diskriminie-rungsprozess zu siegen. Außerdem sind die Entschädigungssummen für Frauen bei einem erfolgreichen Prozessausgang gestiegen. (vgl. Lee, 1993, S. 251)

2.1.3.1.1 Der Gleichheitsartikel

Nach den Reformen der 1960er Jahre wurden immer weitere Einzelfälle des Obersten Gerichts, im Sinne der Gleichheit von Männern und Frauen entschieden. Für die Frauen bedeutete dies, dass ihr Familienstatus nicht länger zur Grundlage ihres Rechtsstatus gemacht wurde. Nach der Verabschiedung des Gleichheitsartikels *(Equal Rights Amendment)* durch den Kongress 1972 folgten weitere Entscheidungen gegen die Ungleichbehandlung oder gegen Gesetze und Bestimmungen, die Geschlechtsdiskriminierung beinhalteten.

Um in die Bundesverfassung aufgenommen zu werden, hätte das *Equal Right Amendment* bis zum Jahre 1979 von der Mehrheit der Einzelstaaten ratifiziert werden müssen. Die Frist wurde zwar vom Kongress um weitere 3 Jahre verlängert, bewirkte jedoch keine Bestätigung. Die Niederlage kam überraschend, da sich die Mehrheit der Befragten für den Gleichheitsartikel aussprach. Nur konservative Frauenverbände befürchteten in der Einforderung materieller Chancengleichheit die gesellschaftliche Abwertung der Stellung der Frau als Mutter und Hausfrau und einen Abbau des traditionellen Geschlechterrollenverständnisses. Der Fehlschlag ist aber nicht nur auf sie zurückzuführen. Vielmehr versäumten die Vertreter des Gleichheitsartikels, die Repräsentanten der parlamentarischen und legislativen Ebene von dem Meinungsbild des Landes zu überzeugen, so dass sie für das Gesetz abstimmten. (vgl. Kramer, 1995, S. 259)

2.1.3.1.2 Die aktive Gleichberechtigungspolitik / *Affirmative Action*

Der Misserfolg bei der Durchsetzung des *Equal Right Amendment* verdeckte den Durchbruch der Antidiskriminierungsgesetzgebung und -politik, die zur Sammelbezeichnung für den gesamten Reformkomplex zur Herstellung gleicher Beschäftigungschancen für Angehörige ethnischer Minderheiten und Frauen geworden und in Form von Ausführungsbestimmungen zum Abschnitt VII des Bürgerrechtsgesetzes von 1964 geschaffen worden ist.

Alle Unternehmen mit staatliche Aufträgen über mehr als 50.000 Dollar und mehr als 50 Beschäftigten wurden zu Beginn der 1970er Jahre verpflichtet, *Affirmative Action Plans* (Förderungspläne zugunsten von Minderheiten) mit detaillierten Zielsetzungen und Zeitplänen aufzustellen und jährlich der überwachenden Bundesbehörde im Arbeitsministerium vorzulegen. Von 1977 bis 1982 galt dies für Aufträge ab 10.000 Dollar. Zur Bewertung der Pläne wurde ein Verteilungsschlüssel in Berücksichtigung der diskriminierten Gruppen und ein Zeitplan zu seiner Realisierung aufgestellt. Im Falle der Nichterfüllung drohte die Streichung der Staatsaufträge und hohe Entschädigungssummen für die Benachteiligten.

Wirksame Verbandsklagen, geführt von Frauengruppen und Bürgerrechtsorganisationen, erzielten Entschädigungen für alle Personen, die in der Vergangenheit von einer bestimmten Form der Diskriminierung betroffen waren. Entscheidender Vorteil der Prozesse ist der gesetzgebenden Tatsache zuzuschreiben, dass die Beweislast beim Beklagten lag. Richtungsweisende Urteile des Obersten Gerichtshofes bestraften nicht nur Regelungen des Arbeitgebers, denen die Intention der Diskriminierung nachgewiesen werden konnte, sondern auch solche, die diskriminierende Nebenfolgen haben könnten. Zwischen einem Drittel und der Hälfte der gesamten Wirtschaft waren zeitweise von Antidiskriminierungsbestimmungen erfasst.

Diese Erfolge sind zumeist feministischen Gruppen zu verdanken, die durch ihre politische Arbeit und ihren Druck auf die öffentliche Meinung bedeutsame Gesetzesänderungen bewirken konnten. Sie wachen noch heute über die Gestaltung und Einhaltung der Gesetze und der politischen Prinzipien. Auf lokaler und regionaler Ebene spielen diese Organisationen eine noch wichtigere Rolle, indem sie den Arbeitgebern auf die Finger schauen, Missstände aufdecken und stellvertretend für die oft abhängigen und deshalb eingeschüchterten Betroffenen verhandeln. (vgl. Michel-Alder, 1988, S. 268 f.)

Die Erfolge der aktiven Gleichstellungspolitik schlugen sich in dem vermehrten Zugang von Frauen und Minderheiten in männerdominierte Berufe nieder. Die folgenden Ausführungen beschäftigen sich mit der zunehmenden Erwerbstätigkeit der Frauen, aus der das Interesse an einer beruflichen Laufbahn erkennbar wird. Treten Frauen immer stärker in das Berufsleben ein, so entgehen sie der finanziellen Abhängigkeit des Mannes und nehmen ihr Leben in eigene Hände. Die berufstätige Frau ist dann nicht mehr die Ausnahme und vielleicht ist auch die Karrierefrau bald gerngesehene Realität.

2.1.3.2 Erwerbstätigkeit

Die Entwicklung der Erwerbstätigkeit seit den 1960er Jahren beweist den Einfluss der Gleichstellungspolitik. Lag die Frauenerwerbsquote im Jahre 1960 noch bei 37,8 %, stieg sie bis 1980 um 13,8 % auf 51,6 %. Frauen hielten zu diesem Zeitpunkt bereits 39,8 % aller Arbeitsplätze.

Tabelle 1: Frauenerwerbsquote und Frauenanteil, 16 Jahre und älter

Jahr	Frauenerwerbsquote in %	Frauenanteil in %
1960	37,8	31,8
1970	43,4	35,0
1980	51,6	39,8
1987	56,1	42,3
1997	59,8	46,0

Quelle: 1960-1980: vgl. US Department of Labor, Employment and Earnings, 1988 zit. in: Ferber, 1993, S. 206; 1997: vgl. http://www2.dol.gov/dol/wb/public/wb_pubs/20fact97.htm (eigene Darstellung)

Der steigende Frauenanteil an der Erwerbstätigkeit ist nicht nur auf die zunehmende Zahl der berufstätigen Frauen zurückzuführen, sondern auch auf sinkende Erwerbsquoten der Männer, die durch eine längere Schulbildung später in das Arbeitsleben eintreten oder aufgrund Arbeitsmangels eher pensionieren. (vgl. Ferber, 1993, S. 206) Denn bei der Ermittlung der Erwerbsquote werden alle sich im erwerbstätigen Alter (16-65 Jahren) befindlichen Personen einbezogen.

Ein Problem in den USA ist, dass viele Teenager die Schule ohne Abschluss verlassen, um Geld zu verdienen. Ihre Chancen auf einen gut bezahlten Job sinken dadurch enorm. Nicht nur der Abschluss *(High School Diploma)* sondern auch die finanzielle Situation der Eltern ist für die Aufnahme an einem College entscheidend. Andere Berufsausbildungsmöglichkeiten existieren in den Vereinigten Staaten nicht. So ist es nicht verwunderlich, dass bereits 51 % aller weiblichen Teenager (16-19 Jahren) und 72,7 % aller Frauen zwischen 20 und 25 Jahren berufstätig sind. (vgl. http://www2.dol.gov/dol/wb/public/wb_pubs/20fact97.htm) Trotzdem muss in diesem Zusammenhang darauf hingewiesen werden, dass an den Colleges gleich viel Frauen wie Männer studieren, wobei die gewählten Studienfächer differieren können. Dazu liegen jedoch keine Daten vor.

Die Betrachtung des Familienstatus ist ein weiterer interessanter Punkt, um die Motivation für bzw. gegen die Berufstätigkeit der Frauen herauszufinden. Durchschnittlich arbeiten zwei Drittel aller allein stehenden Frauen (geschieden, unverheiratet, verheiratet mit abwesendem Partner), beispielsweise weil sie sich nicht auf die finanzielle Unterstützung des Partners verlassen können oder weil sie sich nicht dem Druck von Familie und Beruf aussetzen wollen. Die Hälfte aller weiblichen Berufstätigen, darunter auch allein stehende Frauen, haben Kinder und müssen deshalb Arbeit und Familie vereinbaren. Bei 60 % der verheirateten Paare arbeiten beide. (vgl. http://www2.dol.gov/dol/wb/public/wb_pubs/wwmf1.htm) Gründe für die Berufstätigkeit im allgemeinen können also beispielsweise im Wunsch der Frauen nach Selbstverwirklichung liegen, da keine großen prozentualen Unterschiede zwischen den nach dem Familienstatus unterteilten Gruppen festgestellt werden konnten.

Trotz der zunehmenden Teilnahme der Frauen am wirtschaftlichen Leben und trotz des *Equal Pay Act* blieb die gleiche Bezahlung für die gleiche Arbeit aus. Zwischen 1960 und 1980 verdienten Frauen nur etwa 60 Cents für einen Dollar, den ein Mann bekam. In den 1980er Jahren stieg die Quote auf 72,4 Cents und stagnierte seit 1992 bei etwa 80 Cents. (vgl. Aburdene, Naisbitt, 1993, S. 159 f.) Ob diese Ungerechtigkeit noch auf die zu Beginn des Kapitels aufgestellte These, dass Frauen immer im Haushalt ohne Bezahlung arbeiten mussten und deshalb auch weniger Geld verdienten, zurückzuführen ist, bleibt offen, denn klare Argumente für eine geringere Entlohnung von Frauen sind in der Literatur nicht zu finden.

2.2 Frauen in Führungspositionen

2.2.1 Positionen, Titel und Funktionen von Führungskräften

Die Bezeichnungen der einzelnen Positionen in einem US-amerikanischen Unternehmen können nur schwer in den deutschen Kontext gebracht werden, da zwischen den beiden Ländern Unterschiede in den Unternehmensstrukturen und Verantwortlichkeiten der einzelnen Posten zu verzeichnen sind. In diesem Kapitel wird eine mögliche Übersetzung angegeben, wobei in der Arbeit der amerikanische Begriff benutzt wird, um die Komplexität der damit verbunden Aufgaben auszudrücken.

„Die Hauptversammlung (general meeting) der Aktionäre (members) ist gleichsam das Parlament einer Gesellschaft, die Geschäftsleitung (the directors) ist die Regierung, deren 'Politik' vom Parlament in den Grundzügen und in wichtigen Einzelfragen überwacht wird." (Rudolph, 1990, S. 139) Dieser Vergleich trifft auf amerikanische Aktiengesellschaften besser zu als auf die deutschen, weil bei der deutschen zwischen der Geschäftsleitung, dem Vorstand und der Hauptversammlung noch der Aufsichtsrat steht, für den es im amerikanischen Aktienrecht kein Pendant gibt. *Board of directors* kann am besten mit den Aufgaben eines Verwaltungsrates verglichen werden, der die rechtliche Verantwortung für das Unternehmen innehat und über die Führung der Gesellschaft entscheidet. (vgl. Mascull, 1996) Er wählt einen Vorsitzenden (*chairman*) aus seinen Reihen, der in den häufigsten Fällen für die laufende Geschäftsführung verantwortlicher, hauptamtlicher Geschäftsführer (*executive director*) ist. (vgl. Rudolph, 1990, S. 139)

Die weitaus wichtigste Person in der amerikanischen Gesellschaft ist der Präsident (*president*), der in der Stellung des Hauptgeschäftsführers (*chief executive officer*) für die innere Verwaltung des Unternehmens und für seine Geschäftstätigkeit verantwortlich ist, (ebenda, S. 139) wobei die Zuständigkeiten variieren können. (vgl. Mascull, 1996) Der Vizepräsident (*vice president*) ist entweder der Stellvertreter des Präsidenten oder der Leiter einer großen Abteilung. In großen amerikanischen Aktiengesellschaften sind oft einige *executive vice presidents* (Geschäftsführende Vizepräsidenten) und sonstige *vice presidents* zu finden, die in mehreren Ausschüssen (*commitees*) tätig sind, an deren Spitze wiederum der *chairman* oder der *president* stehen. (vgl. Rudolph, 1990, S. 138 ff.)

In Amerika gibt es zwei Grundtypen von Geschäftsführern oder Direktoren: den voll für die Gesellschaft tätigen *executive director* (etwa hauptamtlicher Geschäftsführer), der nicht nur für die Geschäftspolitik, sondern auch für die Tagesarbeit (*day-to-day work*) verantwortlich ist; und den *non-executive director* (nebenamtlicher Geschäftsführer), der an langfristigen Plänen der Gesellschaft mitarbeitet, Verbindungen herstellt, kontrolliert und das Image der Gesellschaft nach außen stärkt. In welchem Ver-

Verhältnis die beiden Gruppen im *board* vertreten sind, ist der Gesellschaft und ihrer Sitzung überlassen. Für „leitende Angestellte" oder „leitende Frauen/ Männer" ab der mittleren Führungsebene sind im amerikanischen die Begriffe *executive* und *officer* möglich. (vgl. Rudolph, 1990, S. 142) Angestellte in einer leitenden Stellung, auch in unteren Hierarchieebenen, gehören zum *managerial staff*. Sie können auch als *manager* bezeichnet, ohne dass sie in Verbindung zum *board* stehen. (vgl. Mascull, 1996)

Diese kurzen Ausführungen zur hierarchischen Einordnung der Positionen, Funktionen und Titeln von Führungskräften erleichtern die Einteilung in Top, Mittleres und Unteres Management, wobei das Top Management zwischen den Mitgliedern des *boards* und den Personen mit den höchsten Titeln zu unterscheiden ist.

2.2.2 Weibliche Minoritäten im Management

Der Melting Pott USA hat in seiner Geschichte Menschen verschiedener Herkunft zu einem Volk vereinigt und noch heute mit Rassenproblemen zu kämpfen. Vielleicht wurden deshalb bis zu Beginn der 1990er Jahre weibliche Minoritäten nicht in die Studien zu Frauen im Management einbezogen. Die Literatur zu diesen Untersuchungen verbindet den Begriff „Frau" mit weiß, heterosexuell und privilegiert. (vgl. Cannon, Higginbotham, Leung zit. in: Bell, 1993, S. 106) Wird einerseits nicht von weißen, andererseits aber von schwarzen oder asiatischen Managerinnen gesprochen, so vermittelt und bewahrt die Lektüre die Grundvorstellung, dass die in der Literatur beschriebenen Erfahrungen von „Frauen im Management" mit den Erfahrungen von weißen Frauen gleichzusetzen sind. (ebenda)

Die Forscher streiten sich, ob Frauen, die Minoritäten angehören, bevorteilt oder benachteiligt werden. Die „*double advantage*" Hypothese (Bell, 1993, S. 111) besagt, dass die Rassen- und Geschlechtszugehörigkeit für schwarze Frauen einen privilegierten Status in Organisationen bewirkt. Diese Hypothese resultiert aus der „*affirmative action*" Politik, die farbige Frauen aufgrund ihrer doppelten Minderheit („*double minority*") stärker fördert.

Andere Forscher sind der Auffassung, dass schwarze Frauen aufgrund ihrer Rasse und ihres Geschlechts eine akute Randposition in der Gesellschaft einnehmen und deshalb in ihren Karrierechancen benachteiligt sind. Diese Aussage soll anhand der folgenden Statistik belegt werden, in der die Frauenanteile an der Erwerbstätigkeit und an Führungspositionen nach Rassen gegenübergestellt wird.

Tabelle 2: Gegenüberstellung von Frauenerwerbsquoten und -führungspositionen

| | prozentualer Anteil an | |
	der Frauenerwerbsquote Total: 46 %	den Führungspositionen Total: 49 %
Weiße	77	85,7
Afro-Amerkanerinnen	12	6,6
Hispanics	7	5,2
Asiaten und andere	4	2,5

Quelle: vgl. http://www.catalystwomen.org/press/factslabor.html

Dieser Tabelle ist zu entnehmen, dass die Afro-Amerikanerinnen das im Vergleich zu ihrem Anteil an der Erwerbstätigkeit schlechteste Verhältnis aufweist. Die weißen Frauen sind deutlich stärker vertreten, nicht nur in den Leitungs- und Management-funktionen sondern auch im Vorstand. Von den an Frauen im Jahre 1998 vergebe-nen Vorstandsplätzen (11,1 %) wurden weniger als ein Achtel an weibliche Farbige vergeben. (vgl. http://www.catalystwomen.org/press/factslabor.html)

Für farbige Frauen stellt ihre Andersartigkeit und der vorherrschende Rassismus eine tatsächliche Einschränkung in ihrer Karriereplanung dar. Deshalb dürfen sich in den Vereinigten Staaten die Fördermaßnahmen nicht auf das Geschlecht beschränken, sondern auch die Rassenzugehörigkeit einbeziehen. Dasselbe gilt für Analysen über *Women of Color* im Management.

2.2.3 Bildungsstand

In den Vereinigten Staaten gibt es nicht viele Möglichkeiten, eine berufliche Karriere zu starten. Denn nach dem bestandenen *High School Diploma* können die 18jährigen entweder ein College besuchen, das Studiengebühren verlangt oder einen Job annehmen, in dem sie sich durch *„learning by doing"* die notwendigen Kenntnisse aneignen.

Deshalb scheint es logisch, dass bei der Besetzung von Führungspositionen ein College-Abschluss gefordert wird. Die folgende Abbildung zeigt den Bildungsstand der weiblichen und männlichen Führungskräfte der Fortune 500.

Abbildung 1: Bildungsniveaus von weiblichen und männlichen Führungskräften der *Fortune 500*, 1996

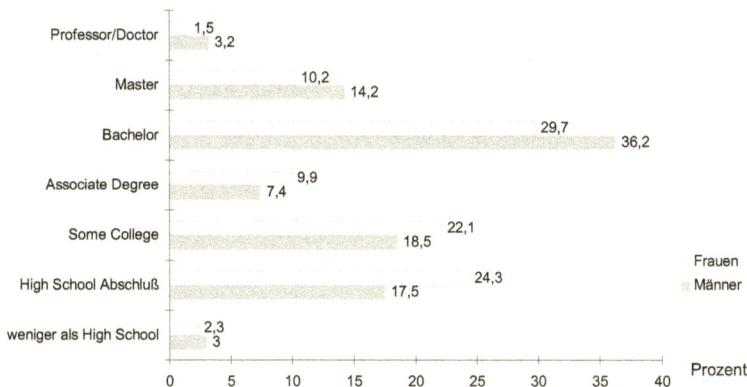

Quelle: http://www2.dol.gov/dol/wb/public/wb_pubs/wmgt97.htm

Bei diesen Daten ist interessant, dass ein Viertel der Managerinnen ihre Karriere offensichtlich nur mit einem *High School* Abschluss starten, was eine Erklärung für deren Einsatz in den unteren und geringer entlohnten Managementebenen sein könnte. Dass einige Frauen und Männer auch ohne einen Abschluss eine Führungsposition erlangt haben, ist bemerkenswert und könnte Aufschluss über die verschiedenen Aufstiegsmöglichkeiten in den USA geben. Eine detailliertere Analyse würde jedoch den Rahmen dieser Arbeit sprengen.

Die Positionen mit höheren Titeln und verantwortungsvolleren Funktionen werden größtenteils an Männer vergeben. Betrachtet man den Frauenanteil im Vorstand

25

(1996: 10,2 %) und den prozentualen Anteil von Führungskräften mit *Master-* und *Doctor*-Abschlüssen inklusive mit Professorentiteln (1996: 11,7 %), so könnte eine Verbindung hergestellt werden. Andererseits müssten dann ca. 80 % der Männer ebenfalls diesen Abschluss vorweisen, was nicht der Fall ist. Man kann daraus schlussfolgern, dass eine besserer Studienabschluss Frauen für die höheren Führungspositionen qualifiziert und dass den Männern auch mit geringerer Bildung der Zugang in die Topetagen gesichert ist. Trotzdem muss den Männern eine höhere Bildung zugestanden werden.

An dieser Stelle ist der prozentuale Anteil der Frauen an Colleges von Bedeutung, um feststellen zu können, ob sie überhaupt an einer beruflichen Karriere interessiert sind. Im Jahre 1990 konnten an den US-amerikanischen Hochschulen sogar mehr Frauen (54,5 %) als Männer (45,5 %) gezählt werden. (vgl. Bundesministerium für Familie, Senioren, Frauen und Jugend, 1996, S. 100) Bei dieser Aussage fehlen jedoch die Angaben zur Fächerwahl, da diese zu einem großen Teil für eine gehobene Führungsposition ausschlaggebend ist. Von dieser Statistik kann also nicht auf den geringen Frauenanteil in höheren Führungspositionen geschlossen werden.

2.2.4 Bestandsaufnahme

Statistiken der Regierung von 1984 stellten fest, dass ca. 33 % aller Management- und Leitungsfunktionen von Frauen ausgeübt wurden, im Vergleich zu 1965, wo sie nur 16 % dieser Positionen besetzten. (vgl. Alpern, 1993, S. 43) Diese Entwicklung ist maßgeblich dem Druck des Abschnitts VII des *Civil Right Act* und den *Affirmative Action* Plänen zuzuschreiben.

Abbildung 2: Prozentualer Anteil der Frauen an Management- und Leitungsfunktionen

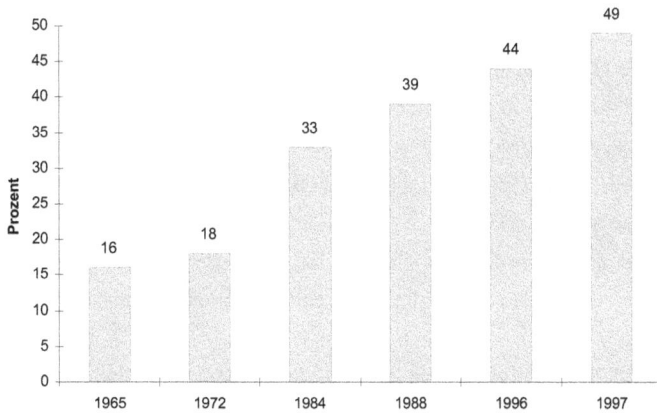

Quelle: U.S. Department of Labor, Bureau of Labor Statistics, Employment and Earnings zit. in: http://www2.dol.gov/dol/wb/public/wb_pubs/wmgt97.htm; 1972: ILO Yearbook of Labor Statistics zit. in: Berthoin Antal, Izraeli, 1993, S. 55 (eigene Darstellung)

In den 1980er war der Anteil von Frauen an Führungspositionen sprunghaft angestiegen. Die Zahl der im Management beschäftigten Frauen wuchs zwischen 1988 und 1996 insgesamt um 39 %, während die Zahl der Männer in diesem Bereich nur um 16 % anstieg. (vgl. http://www2.dol.gov/dol/wb_pubs/wmgt97.htm)

Im Jahre 1997 war die geschlechtliche Gleichverteilung aller Management- und Leitungsfunktionen mit 49 % fast erreicht. (vgl. http://www.catalystwomen.org/press/ inforcorpleadership.html) Wenn man gleichzeitig den Anteil der Frauen an der Gesamterwerbstätigkeit (46 %) heranzieht, könnte man fast davon ausgehen, dass Frauen in den Führungspositionen von US-amerikanischen Gesellschaften „überrepräsentiert" sind. Da es jedoch in jedem Unternehmen verschiedene Hierarchieebenen gibt, muss auch der jeweilige Frauenanteil separat betrachtet werden. Die folgenden Ausführungen analysieren diese Statistik detaillierter, indem die einzelnen Managementebenen differenziert betrachtet werden.

Ab Anfang der 1990er Jahre wurde deutlich, dass sich die Studien über Frauen im Management auf die 500 größten US-Gesellschaften (Fortune 500) beschränkten. Es

wird davon ausgegangen, dass das Zahlenmaterial für die großen und einflussreichen Unternehmen der US-Wirtschaft als repräsentativ anzusehen ist.

Je höher die Karriereleiter betrachtet wird, desto geringer wird der Frauenanteil. So
wurden im Jahre 1991 in der *Fortune 500* im *board of directors* nur 2,69 % der Positionen auf *Vice-President*-Ebene und darüber mit Frauen besetzt. (vgl. Aburdene,
Naisbitt, 1993, S. 101) Bis zum Jahre 1998 hat sich daran nicht viel geändert: 3,8 %
dieser Stellen wurden an Frauen vergeben. Insgesamt konnten jedoch in der *Fortune
500* nur zwei und in der *Fortune 1000* nur sechs weibliche CEOs registriert werden.
(vgl. Fortune, 27.04.1998 zit. in: http://www.catalystwomen.org/press/infobrief2.html)

Aber auch im *board of directors* ist der Anteil der Frauen verglichen zu dem Anteil an
allen Management- und Leitungsfunktionen (49 %) gering. Sie eroberten zwar seit
Beginn der 1990er Jahre die Sitze im Verwaltungsrat (*board seats*) der *Fortune 500*,
erreichten jedoch im Jahre 1998 erst einen Anteil von 11,1 %.

Abbildung 3: Prozentualer Anteil von Frauen im Vorstand der *Fortune 500*

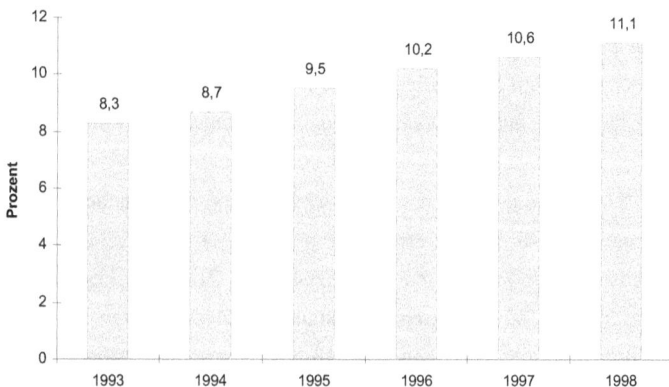

Quelle: http://www.catalystwomen.org/press/infocorpleadership.html

Eine deutliche Verbesserung der Situation für Frauen im *board of directors* hat sich in
den letzten Jahren nicht abgezeichnet. Laut Prognosen könnte es auch noch einige
Jahrhunderte dauern, bis Frauen in den höheren Positionen aufgeschlossen haben.
Bei diesen Rechnungen wird jedoch davon ausgegangen, dass sich die Entwicklung

linear und in gleich bleibendem Tempo verläuft, wovon nicht ausgegangen werden darf.

2.2.5 Bevorzugte Branchen und Managementbereiche

Frauen in Führungspositionen sind häufiger in den Bereichen anzutreffen, in denen auch mehr Frauen unterhalb der Managementebene vertreten sind. So halten sie 75 % aller Managementpositionen in dem Frauenberuf Medizin und Gesundheit, über die Hälfte in Finanzen, Personal und Arbeitnehmer-Arbeitgeber-Beziehungen *(finance, personnel and labor relations)*, Buchführung und -prüfung *(accounting and auditing)* sowie Einkauf *(buying)*. Die folgende Tabelle enthält ausgewählte Berufsgruppen, in denen Frauen in Führungspositionen am häufigsten und am seltensten vertreten sind.

Tabelle 3: Anteil der Frauen als *executives, administrators* und *managers*, 1996

Branche bzw. Abteilung	Frauenanteil in %
Manager Medizin & Gesundheit	75,3
Leiter Fort- & Weiterbildung	56,9
Finanzmanager *(financial manager)*	54,0
Personnel & labor-relations manager	51,6
Manager Marketing, Werbung & PR	37,8
Leiterin *(administrator)* Sicherheitsservice	31,1
Managementverwandte Tätigkeiten	56,7
- Versicherer	69,0
- *Personnel, training & labor relations specialist*	65,7
- Einkäufer, Einzel- & Großhandel	58,1
- Buchführung & -prüfung	56,0
- Controller und *compliance officers*	33,4
- Bauleiter	7,4

Quelle: http://www2.dol.gov/dol/wb_pubs/wmgt97.htm

Die Verteilung der Managementpositionen zwischen Frauen und Männern sagt jedoch nichts über die jeweiligen Anteile im *board of directors* in dieser Branche aus. Die meisten weiblichen Verwaltungsratsmitglieder sind in den Bereichen Kosmetik

(23,9 %), Bankwesen, *savings institution* (21,6 %), Verlagswesen & Druck (18,4 %) und Wissenschaft/Fotografie (16,2 %) zu finden. Dagegen stehen die Wirtschaftszweige Werbung und Marketing (5,7 %), Lebensmittel (6,1 %), Ingenieur- und Bauwesen (6,7 %) sowie Zustelldienst (6,7 %) den Frauen in einflussreichen Positionen eher misstrauisch gegenüber. In der Textil- und Speditionsindustrie wurden bisher noch keine Frauen für höhere Funktionen eingesetzt. (vgl. http://www.catalystwomen.org/press/facts1998wbd.html)

Betrachtet man nun die einzelnen Wirtschaftszweige, in denen Frauen Managementpositionen einnehmen, so fällt auf, dass die meisten Führungspositionen im Dienstleistungssektor zur Verfügung stehen, weil dieser auch drei Viertel des Bruttosozialproduktes der USA erwirtschaftet. (vgl. Holtfrerich, 1991, S. 3)

Abbildung 4: Verteilung der Manager auf die Wirtschaftsbereiche, nach Geschlecht

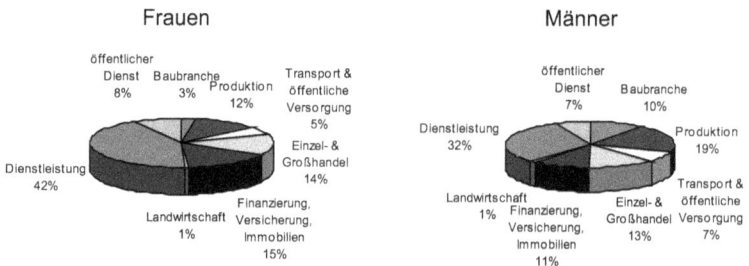

Frauen

Männer

Quelle: vgl. http://www2.dol.gov/dd/wb/public/wb_pubs/wmgt97.htm

Die größten Unterschiede, die Dienstleistungsbranche ausgenommen, sind in den eher männerdominierten Bereichen Bauwesen und Produktion zu verzeichnen. Die Abbildung sagt jedoch nichts über die Relation zwischen Frauen und Männern in den Führungspositionen dieser Wirtschaftszweige aus. Die Verteilungen ähneln sich, da die Größe der Branchen auch die Anzahl der Führungskräfte bestimmt. Die Gründe, dass fast die Hälfte aller Managerinnen im Dienstleistungssektor tätig sind, könnte einerseits auf seine Größe zurückzuführen sein. Andererseits ist er in den letzten Jahrzehnten am schnellsten gewachsen und war wahrscheinlich gezwungen, aufgrund des Mangels an männlichen Führungskräften auf die weiblichen Führungsfähigkeiten zu vertrauen. Außerdem hatten viele Frauen ihren Anteil an dieser Expansion, da sie im Angebot von Dienstleistungen ein eine Chance für die Selbständigkeit sahen.

2.2.6 Einkommensunterschiede

Trotz des *Equal Pay Act* und dem zunehmenden Eintritt von Frauen in Führungspositionen verdienen diese heute immer noch weniger als ihre männlichen Kollegen. Diese Tatsache kann auf allen Hierarchieebenen beobachtet werden. In der Literatur war sogar zu lesen, dass Unternehmen Frauen einsetzen, um Lohnkosten zu sparen.

Die folgende Tabelle stellt das weibliche und männliche Einkommen unter Berücksichtigung der Abstammung dem weißen Mann gegenüber.

Tabelle 4: Einkommen von Frauen in Führungspositionen (in Cents)

Abstammung	Frauen	Männer
Weiße	68	100
Asiaten und andere	67	91
Afro-Amerikaner	60	70
Hispanics	61	73

Quelle: http://www2.dol.gov/dol/wb_pubs/wmgt97.htm

Die Gruppe der Asiaten ist zwar die am geringsten vertretende Minorität in Führungspositionen, erhält jedoch aufgrund ihres hohen Bildungsniveaus, ein zur weißen Frau vergleichbares Einkommen. Die in der Tabelle angegebenen Durchschnittswerte treffen nicht gleichermaßen auf das obere Management zu.

Im Jahre 1998 konnten 2,7 % Frauen unter den Bestverdienern der *Fortune 500* gezählt werden, im Vergleich dazu lagen die Zahlen im Jahre 1997 bei 2,5 % und bei 1,7 % im Jahre 1995. (vgl. http://www.catalystwomen.org/press/factslabor.html und ~/factscote98.html) Diese Zahlen beweisen, dass bei den Einkommensverhältnissen noch lange keine Gleichheit zwischen den Geschlechtern herrscht. Es kann also weder von einer Angleichung der Gehälter im unteren noch im höheren Management gesprochen werden, denn im höheren Management (*Vice-President*-Ebene und darüber) verdienten Frauen nur 77 % vom Gehalt eines Mannes. (vgl. http://www. catalystwomen.org/press/factscote98.html) Das könnte einerseits auf die Unterrepräsentation von Frauen auf dieser Ebene zurückzuführen sein, so dass sie sich deshalb mit weniger Geld zufrieden geben. Hier fehlen den Frauen entsprechende Netzwerke, die sie bei Forderungen unterstützen. (siehe Kapitel 6)

2.2.7 Frauenfördernde Unternehmen

Frauenförderung und Unterstützung von Frauen ist bereits in vielen amerikanischen Unternehmen in die Unternehmensphilosophie aufgenommen worden. Der Gleichstellungsgedanke könnte auf die staatliche und gesellschaftliche Forderung nach einer akzeptablen Präsenz von Frauen in Führungspositionen zurückzuführen sein. Unternehmen, die mit ihren Karrierefrauen und ihrer frauenfördernden Politik werben, versprechen sich eine Imageverbesserung.

In diesem Zusammenhang sollen einige Unternehmen genannt werden, die sich für Frauen in gehobenen Positionen einsetzen. Eine detaillierte Vorstellung ihrer Programme wird im Kapitel Frauenförderung vorgenommen.

Die zwei verschiedenen Initiativen der Unternehmen Baxter Healthcare Corporation und Corning Incorporated haben eine erfolgreiche und gezielte Beförderung von Frauen in Leitungspositionen durchgeführt. Bei Baxter hat sich seit 1996 die Zahl der Frauen auf der Managementebene um 8 %, auf der *Director*-Ebene um 18 % und auf der *Vice-President*-Ebene um 30 % vergrößert. Corning übergab fünf (25 %) Fabriken in die Verantwortung von Frauen, und zwei frühere weibliche Fabrikmanager wurden in höhere Positionen befördert. (vgl. http://www.catalyst women.org/press/release010799.html)

Auch Procter & Gamble unterstützt Frauen in ihrer Karriere. Seit 1992 hat sich die Zahl der weiblichen *Vice-Presidents* und *General Managers* um mehr als verdreifacht auf 18 %. (vgl. http://www.catalystwomen.org/press/release0108.html)
Die Beispiele verdeutlichen nicht den Frauenanteil in den genannten Positionen, sondern nur ihr Wachstum. Bei den für Baxter und Corning genannten Steigerungs-

raten könnte es sich auch nur um zwei oder drei Frauen handeln, die den Männern ihre Posten streitig gemacht haben und diese Entwicklung verursachten. Bei Procter & Gamble kann die genannte Zahl besser beurteilt werden. Ein Anteil von 18 % ist verglichen zu dem Durchschnittswert von 3,8 % ein enormer Fortschritt.

Die nachstehende Tabelle nennt Unternehmen, die u. a. durch ihren prozentual hohen Frauenanteil in Führungspositionen bekannt sind.

Tabelle 5: Unternehmen mit 33 % oder mehr weiblichen *corporate officers*, 1998

Unternehmen	weibliche *corporate officers* in %
Ahmanson (H.F.)	50
Corestates Financial	40
Nordstrom	40
Fannie Mae	39
Pacificare Health Sys.	39
Lincoln National Corp.	38
SLM Holding	38
Dayton Hudson	35
Knight-Ridder	35
BJ's Wholesale Club	33
Paine Webber Group	33
Pitney Bowes	33

Quelle: vgl. Catalyst, 1998 Census of Women Corporate Officers and Top Earners zit. in: Catalyst Infobrief

2.2.8 Selbständige Frauen als Führungskräfte

Auch Selbständige gehören zu den Führungskräften der amerikanischen Wirtschaft, weil sie einerseits die Verantwortung für ihr eigenes Unternehmen und ihre Mitarbeiter und weil sie andererseits mit einer Unternehmensgründung auch ein persönliches Risiko eingehen. Trotzdem müssen Selbständige separat betrachtet werden, weil sie nicht in einem solchen Ausmaß wie angestellte Managerinnen in Konflikte mit ihren männlichen Mitarbeitern geraten. In ihren Unternehmen geben sie die Philosophie vor.

2.2.8.1 Bestandsaufnahme

Bereits 7,9 Millionen Frauen sind Inhaberinnen von Klein- und Mittelbetrieben (6%), die die am schnellsten wachsenden Unternehmen der amerikanischen Wirtschaft darstellen. (vgl. http://www.nfwbo.org/rr001.htm) Sie schaffen jährlich neue Arbeitsplätze, gründen neue Firmen oder expandieren. (vgl. Aburdene, Naisbitt, 1993, S. 103 ff.) Im Jahre 1996 beschäftigten sie 26 % der Gesamterwerbstätigen in ihren Unternehmen, 35 % mehr als die *Fortune 500* weltweit.

Abbildung 5: Entwicklung der Beschäftigungszahlen in von Frauen geführten Firmen

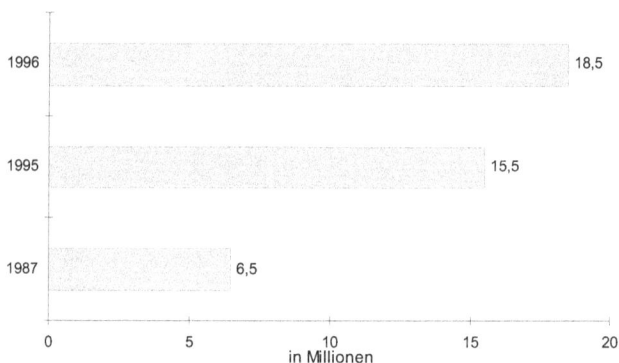

Quelle: vgl. http://www.nfwbo.org/rr001.htm

Aus der Abbildung wird deutlich, dass zu Beginn der 1990er Jahre die wirtschaftliche Tätigkeit von Unternehmerinnen rapide angestiegen ist. Ihre Umsätze wuchsen zwischen 1987 und 1996 um das Dreifache auf 2,3 Trillionen Dollar. (vgl. http://www.nfwbo.org/rr001.htm) Sie sind damit nicht nur der am schnellsten wachsende, sondern gleichzeitig der finanziell stabilste Sektor.

Außerdem überlebten die von Frauen gegründeten und geführten Unternehmen der letzten drei Jahre eher in der amerikanischen Wirtschaft als der Durchschnitt. Zum Beispiel sind ca. drei Viertel der im Jahre 1991 von Frauen gegründeten Firmen immer noch existent, im Vergleich zu zwei Drittel aller Neugründungen im selben Jahr. (vgl. http://www.nfwbo.org/rr001.htm)

Zwischen 1991 und 1994 wuchs die Anzahl der von Frauen gegründeten Unternehmen, die einhundert oder mehr Menschen beschäftigten, um 18,3 %. (vgl. http://www.nfwbo.org/rr002.htm), was ihren Expansionsdrang bestätigt.

2.2.8.2 Motivation für die Selbständigkeit

Bevor Frauen ihr eigenes Geschäft eröffnen, haben sie sich häufig schon Managementfähigkeiten in einem Angestelltenverhältnis angeeignet. Die meisten verlassen das Unternehmen aus Frustration und Unzufriedenheit über ihr Arbeitsumfeld und ihre geringen Aufstiegschancen. (vgl. http://www.catalystwomen.org/press/release 0224.html) Außerdem nannten sie Flexibilität, Respekt, Fairness, Offenheit gegenüber den Mitarbeitern und den Umgang mit Kunden als wichtigen Faktor für ihren Weg in die Selbständigkeit. (vgl. http://www.nfwbo.org/rr001.htm) Ihre eigene Chefin zu sein und mehr Freiheiten zu haben, schätzten sie als die größten Errungenschaften ihrer Selbständigkeit ein. Als Kehrseite nannten sie die Sorge um die Probleme der Arbeitnehmer und die langen Arbeitszeiten. (vgl. http://www.catalystwomen.org/press/release0224.html)

Eine Umfrage von *Catalyst*, der *National Foundation for Women Business Owners* (NFWBO) und *The Committee of 200*[1] ergab, dass über die Hälfte der selbständigen Frauen für keine Zusatzleistungen ihre Entscheidung rückgängig machen würde, 24 % würden für mehr Geld und 11 % für mehr Flexibilität ihre alte Position wiederaufnehmen. (vgl. http://www.catalystwomen.org/press/release0224.html)

Für die Unternehmen sollte es von Bedeutung sein, die Gründe herauszufinden, warum Frauen lieber das Risiko der Selbständigkeit eingehen als in ihren gesicherten (jedoch vom Aufstieg ausgeschlossenen?) Positionen zu verweilen, um zukünftig ihre potentiellen *CEOs* und *vize-presidents* an sich zu binden. In dem Kapitel Frauenförderung werden Inhalte für Frauenförderpläne sowie positive Beispiele aufgezeigt.

---

[1] Sie interviewten 650 weibliche und 150 männliche Unternehmensinhaber über Telefon im September 1997, um herauszufinden, warum die Anzahl der weiblichen Unternehmensgründungen fast doppelt so hoch ist als der durchschnittliche Gesamtwert.

2.3 Schlussbetrachtung

Zu Beginn der 1990er Jahre prognostizierten ABURDENE/NAISBITT, dass *„die heutige Fortune-500-Liste ... keine Ähnlichkeit mit der Liste von 2002 haben (wird)"* (Aburdene, Naisbitt, 1993, S. 102), weil die männlichen Topmanager in diesem Jahrzehnt in den Ruhestand gehen und die erfolgreichen 35- bis 45-jährigen Frauen nachrücken werden. Diese Prognose muss als zu optimistisch eingeschätzt werden, wenn man die Statistiken aus den vorangegangenen Ausführungen analysiert. Sie sagten außerdem voraus, dass die Frauen zwischen 1995 und 2000 zunehmend führende Positionen einnehmen werden. Regina Herzlinger, Professorin der Harvard Business School, meinte dass um das Jahr 2010 ein großer Teil der Sitze im *board* der *Fortune 500* von Frauen besetzt sein werden. (vgl. Aburdene, Naisbitt, 1993, S. 102 f.) Im Vergleich dazu werden die Zahlen von 1998 herangezogen, wo 11,1 % der Verwaltungsratssitze an Frauen vergeben wurden. Von einem „großen Teil" kann also am Ende des Zwanzigsten Jahrhunderts noch lange nicht gesprochen werden.

3 FRAUEN IN FÜHRUNGSPOSITIONEN: DEUTSCHLAND

3.1 Frauenbildung und Frauenarbeit im 20. Jahrhundert

3.1.1 Einleitung

„Das 20. Jahrhundert wird das Jahrhundert der Rivalität zwischen Männern und Frauen sein." (Lagrave, 1995, S. 485)

An der Schwelle zum 21. Jahrhundert kann jedoch festgestellt werden, dass sich die Prognose von 1908 des Direktors eines Mädchen-Collèges in Périgueux nicht erfüllt hat. Denn um in eine Rivalität zu treten, muss man zumindest eine gewisse Chance haben, gewinnen zu können, und es muss Waffengleichheit herrschen. Aber trotz des zunehmenden Einflusses der Frauen in der Gesellschaft bleibt das Spiel zwischen Frauen und Männern zu ungleich, als dass echter Wettbewerb entstehen könnte.

Bezeichnend für das 20. Jahrhundert war vielmehr die langwierige und langsame Legitimation der Grundsätze der Aufteilung der sozialen Welt nach Geschlechtern, durch das Fortbestehen alter oder die Erfindung neuer Formen der Trennung im Bildungswesen und in der Arbeitswelt. Auch wenn dieses Jahrhundert unablässig die Gleichheit der Geschlechter proklamiert und sie in Gesetzestexte geschrieben hat, kommt, wenn man den Aufstieg der Frauen konsequent zu dem Fortschritt der Männer in Beziehung setzt, die fortdauernde Kluft zwischen der Situation der Männer und der der Frauen in Bildung und Arbeit zum Vorschein. (vgl. Lagrave, 1995)

Die nachfolgenden Ausführungen sollen einen geschichtlichen Überblick über die Entwicklung der Erwerbstätigkeit von Frauen im 20. Jahrhundert geben. Geschichtliches sei deshalb vorangestellt, weil der historische Hintergrund die Erklärung für das Bestehen so mancher, leider immer noch aktueller Vorurteile gegenüber „Frauen im Berufsleben" im Allgemeinen und „Frauen in Führungspositionen" im speziellen liefern kann.

3.1.2 Entwicklung der Erwerbstätigkeit der Frauen in Deutschland

Die Entwicklungsgeschichte der Frauenerwerbstätigkeit in Deutschland bis Mitte des 20. Jahrhunderts steht in enger Beziehung mit der Europas. Aufgrund dessen wird sie bis 1975 nicht losgelöst, sondern im europäischen Zusammenhang betrachtet. Wie sich die Frauenbildung und -erwerbstätigkeit in Ostdeutschland entwickelte, wird in einem gesonderten Kapitel diskutiert.

3.1.2.1 1918 - 1945

In Europa wichen die vorkapitalistischen Arbeitsformen, wie Heimarbeit und Familienarbeit, der abhängigen Beschäftigung im Betrieb. Ein dreifacher Prozess spielte sich ab: die industrielle Umverteilung der weiblichen Arbeitskräfte, die Vermehrung von Frauenberufen auf dem Dienstleistungssektor und das Vordringen von Frauen in intellektuelle und freiberufliche Tätigkeiten. Diese strukturelle Umgestaltung stand in engem Zusammenhang mit den wirtschaftlichen Veränderungen.

In allen Ländern veränderte sich die Arbeiterklasse nach dem Ersten Weltkrieg. Sie blieb jedoch nach wie vor gekennzeichnet von beruflicher Homogenität, gewerkschaftlicher Traditionen und einer wenig positiven Einstellung gegenüber der Frauenarbeit. Technische Berufsausbildung und allgemeine Ausbildung hoben das Qualitätsniveau der Arbeiter an, während sie auf das der Arbeiterinnen wenig Auswirkung hatten. Die Frauen besetzten somit auch nichtqualifizierte Arbeitsplätze, blieben aber auf dem industriellen Sektor beschäftigt. Zwischen 1918 und 1945 vollzog sich dann ein allmählicher Übergang von den traditionell weiblichen Sektoren - Textil- und Bekleidungsindustrie - zu neuen Sektoren wie der chemischen, der Metall- und der Lebensmittelindustrie.

Während der ganzen Phase des Wiederaufbaus ist die Industriearbeit stark gewachsen, und viele Unternehmen mussten bei der Rekrutierung von Arbeitskräften auf Heimarbeiterinnen, Familienangehörige und ehemalige Landwirtinnen zurückgreifen, die vorwiegend in o. g. Industriezweigen beschäftigt waren. Die Wirtschaft verteilte die Frauen je nach Bedarf, entsprechend der Logik der Einteilung der Arbeitskräfte und der geschlechtsspezifischen Arbeitsteilung, nach der Logik der „natürlichen" Gegebenheiten. Die Härte der Arbeitsbedingungen der werktätigen Frauen veranlasste ihre Familien jedoch, nach Wegen aus diesem Alltag zu suchen. Während bei den Söhnen die Weitergabe des Berufs noch eine Rolle spielte, wünschte man sich für die Töchter einen Beruf im Dienstleistungssektor - einen Frauenberuf eben. Des weiteren wurden verstärkt die Töchter der werktätigen Klassen sowie des kleinen und mittleren Bürgertums auf weiterführende Schulen geschickt, da man der Meinung war, dass eine berufliche Mitgift als Brautgeschenk von Nutzen sein könnte. (vgl. Lagrave, 1995)

Das gesamte Schulsystem trug allerdings dazu bei, dass die Mädchen ihre geistigen Ambitionen auf den Erwerb des Volks- oder Mittelschulabschlusses beschränkten. Gleichzeitig wurde ihnen ein Selbstverständnis vermittelt, das sie dazu bewegte, eher einen der Frauenberufe im Dienste anderer zu ergreifen. Diese schulische Ausrichtung passte zu den Stellenangeboten auf dem Arbeitsmarkt, wo der Dienstleistungssektor sich sehr rasch ausbreitete. Die zunehmende Komplexität der Wirtschaft verlangte eine leistungsfähige Verwaltung und ein umfangreiches Bankwesen. Bei der Zunahme der Frauenerwerbstätigkeit spielten diese Bereiche sowie das Versicherungswesen eine treibende Rolle. Kennzeichnend war in diesem Zusammenhang, dass die Männer aufgefordert wurden, bestimmte Berufe aufzugeben, da die „männlichen Energien" in die aktiven Berufe gelenkt werden und die sitzenden Berufe den Frauen vorbehalten bleiben sollten. Die Vorstellung von reinen Frauenbeschäftigungen breitete sich allmählich aus. (vgl. ebenda)

Aus einem Plädoyer in Buchform von André Bonnefoy aus dem Jahre 1914:
„Der Mann ist hier fehl am Platze: Die Bibliothekskunde ist eine Wissenschaft, die die Dienerin der anderen Wissenschaften ist. Diese untergeordnete Rolle passt schlecht zu dem natürlichen Stolz des Mannes. Die Frau würde sich nicht gedemütigt fühlen, zu dienen, in der Bibliothek die Rolle zu spielen, die sie in ihrem Haushalt spielt."
(Lagrave, 1995, S. 494)

Auch der Hochschulunterricht vermochte sich der Logik der Geschlechterdifferenz nicht zu entziehen. Die Frauen mit Hochschulabschluss wurden kaum Professorinnen, sondern waren Assistentinnen. Die Geschlechterordnung war überall zu erkennen, indem sie zu einer Zweiteilung der Stellen führte; in den intellektuellen Berufen wurde sie nicht im Beruf selbst spürbar, sondern in den jeweiligen berufsinternen

Hierarchien. Noch mehr spielte sie bei der beruflichen Selbstbeschränkung der Frauen eine Rolle. Nachdem diese alle Hindernisse des Ausbildungssystems überwunden hatten, wagten es manche Frauen nicht, am Berufsleben teilzunehmen. Die vorherrschende Meinung bewog sie, einen Kompromiss zwischen studierter und häuslicher Frau zu suchen, und so gaben sie oft ihren Anspruch auf Erwerbstätigkeit auf, um dem bürgerlichen Ideal der damaligen Zeit zu entsprechen. (vgl. Lagrave, 1995)

Die Zeit von 1930 bis 1945 war von krisenbedingter Arbeitslosigkeit gekennzeichnet, nur von den verheirateten Frauen sagte man nicht, dass sie den Männern „die Arbeit wegnahmen". Denn nach der Logik der damaligen Familienpolitik hätten diese erst gar nicht arbeiten dürfen. Für ihren Unterhalt standen schließlich die Ressourcen des Ehemannes zur Verfügung.

In Zeiten des Nationalismus und der Wirtschaftskrise lautete die Parole für Männer: „Arbeit, Familie, Vaterland"; bei den Frauen verkürzte sie sich auf die „Familie". Und das Dritte Reich war bekanntlich ein System, *das die Mütter auf den Sockel erhob, um die Frauen besser verachten zu können."* (Lagrave, 1995, S. 498)

Letztendlich zeichnete sich in dieser Epoche der Idealtyp der Frau deutlich ab. Er läßt sich in drei Portraits zusammenfassen: *„Das junge Mädchen von proletarischer oder bäuerlicher Herkunft entfloh seinem Milieu und wurde Krankenschwester, Sekretärin oder Angestellte im Dienstleistungswesen. Verheiratete Frauen entdeckten ihre Kinder und fanden neuen Geschmack an der Häuslichkeit. Junge Mädchen aus dem Bürgertum, die Intellektuelle geworden waren, schlugen auf dem Heiratsmarkt Kapital aus ihren Diplomen."* (ebenda, S. 499)

3.1.2.2 1945 - 1975

Das schnelle Wirtschaftswachstum nach Beendigung des Krieges förderte die Vollbeschäftigung. Mehr und mehr wurden Frauen zwar in das Bildungssystem und in die Arbeitswelt integriert, gleichzeitig wurden sie aber auf immer mehr abgewertete Stellen bzw. auf untere Ebenen der Hierarchie abgeschoben. In diesem Zeitraum ereignete sich der Prozess der geschlechtsspezifischen Arbeitsteilung, der bereits in der zurückliegenden Epoche erkennbar gewesen war und sich nunmehr, aufgrund neuer wirtschaftlicher Gegebenheiten, verstärkte.

In ganz Europa nahm die Zahl der Frauen, die eine lohnabhängige Beschäftigung ausübten zu, denn die Epoche war durch einen starken Rückgang der selbständigen Arbeit in ihrer traditionellen Form sowie durch die schwindende Vorbildfunktion der in ihrer Häuslichkeit aufgehenden Frau gekennzeichnet. (vgl. Lagrave, 1995)

„Die Landkarte der europäischen Lohnarbeit kannte einen männlichen und einen weiblichen Kontinent, deren Umrisse sich jedoch nicht an geographische Grenzen hielten, sondern durch eine hierarchische Grenze bestimmt wurden. Das Europa der männlichen Lohnarbeit setzte sich aus Arbeitern und höheren Führungskräften zusammen; das Europa der weiblichen Lohnarbeit war ein einziger Irrgang von Büros." (Lagrave, 1995, S. 501)

Es war mittlerweile selbstverständlich geworden, dass Frauen zur Schule gingen, um später arbeiten zu können, ermutigt durch manche Anreize und Planungen, die darauf abzielten, die Schulabschlüsse dem Stellenangebot anzupassen. Trotzdem war der Anteil der Studentinnen an den Hochschulen im Vergleich zu der Zahl der Mädchen mit Schulabschluss sehr gering. Wenn sich Frauen für ein Studium entschieden hatten, dann dominierten sie in der Sprach- und Literaturwissenschaft, der Pädagogik und der Psychologie, während die Naturwissenschaften und die Mathematik vorrangig von Männern gewählt wurden.

Auch wenn die Ausbildung die Berufstätigkeit von Frauen fördert, so übt sie doch gleichzeitig eine Kontrolle aus, indem sie die Beschäftigungsmöglichkeiten auf typisch weibliche Berufszweige beschränkt, womit sich der Frauenanteil in diesen Berufen noch erhöht. Die Frauen sind im Handel, im Bank- und Dienstleistungsgewerbe überrepräsentiert, während sie in der Industrie stark in der Minderzahl bleiben. Und für jene Frauen, die einen „männlichen" Beruf ausübten, verlief die Spaltung nicht zwischen den Berufen, sondern innerhalb der beruflichen Hierarchien, nach der Unterscheidung zwischen Führungspositionen und ausführenden Positionen. Auch wenn die Zahl von Frauen in mittleren und höheren Führungspositionen anstieg, blieb sie im Vergleich zu der der männlichen Führungskräfte sehr gering. Ihre zahlenmäßig schwache Vertretung in mittleren Führungspositionen erklärt hinreichend ihr fast völliges Fehlen auf höherer Ebene, da sie nicht befördert werden können.

Und diejenigen, die doch befördert werden, tragen noch lange nicht dieselben Verantwortungen wie ihre männlichen Kollegen. Zu diesem Thema durchgeführte Untersuchungen in den 1960er und 1970er Jahren zeigten die Vorbehalte und Widerstände der Unternehmer gegen die Beförderung von Frauen auf Führungspositionen auf, wo sich keiner auch nur vorstellen konnte, dass eine Frau eine Abteilung von Männern leiten könne. (vgl. Lagrave, 1995)

Ein weiteres Problem in diesem Zusammenhang wurde bisher noch gar nicht erwähnt. Die Zeit von 1945 bis 1975 war zwar gekennzeichnet von einer Inflation von Gesetzen, Regelungen, nationalen und internationalen Bestimmungen, die das Recht auf gleichen Lohn bei gleicher Arbeit proklamierten. Trotzdem blieb der Abstand zwischen Männer- und Frauenlöhnen bestehen. Dieser Abstand ergab sich folgerichtig aus den Positionen, die von den Frauen eingenommen wurden. Die Konzentration von Frauen in typischen Frauenberufen, die meist weniger gut bezahlt waren, ihr seltenerer Zugang zu höheren Hierarchiestufen sowie ihre weniger gute Qualifikation erklären hinreichend die Beibehaltung des Einkommensunterschiedes. Das heißt, eines erklärte das andere: Die Ungleichheiten der Löhne waren das Resultat und die Widerspiegelung des Unterschiedes der beruflichen Positionen. (vgl. ebenda)

Ein Beispiel, den Abstand zwischen den Löhnen rechtfertigen zu können, ist die Teilzeitarbeit. Sie ermöglicht den Frauen, gleichzeitig Mutter, Hausfrau und erwerbstätig zu sein. Auch wenn in den 1970er Jahren die Teilzeit noch nicht so verbreitet war, waren in Deutschland 10,1 % der Arbeitsplätze auf Teilzeit ausgerichtet, wobei der Anteil der Frauen daran 89 % betrug. Als verkürzte Arbeit ohne Aufstiegschancen nahm die Teilzeitarbeit sicher auf beide Tätigkeitsfelder der Frauen - Familie und Beruf - Rücksicht, erlaubte aber nicht die Ausübung einer karriereorientierten Beschäftigung. Es wurde damit wieder die Familie gegen die Erwerbstätigkeit angeführt, indem man die traditionelle geschlechtsspezifische Arbeitsteilung durch die geschlechtsspezifische Arbeitszeitteilung ersetzte, nämlich Ganztagsarbeit den Männern und Halbtagsarbeit den Frauen. (vgl. ebenda)

3.1.2.3 1975 - Gegenwart

3.1.2.3.1 Studium und Bildung

An dieser Stelle wird die berufliche Ausbildung außer acht gelassen und der Schwerpunkt auf die genannte Thematik gelegt. Auf Einzelheiten und Statistiken zum Ausbildungsstellenmarkt soll hier deshalb nicht näher eingegangen werden, da der günstigste Ausgangspunkt für Frauen in Führungspositionen unbestritten das (abgeschlossene) Hochschulstudium ist. Untersuchungen weisen bereits seit den 1960er Jahren auf einen Trend zur Akademisierung der Wirtschaftselite hin (vgl. Evers, Landsberg zit. in: Hadler, 1995) und kommen zu dem Ergebnis, dass der Weg in die Spitze eines Großunternehmens durch die Hochschule führt (vgl. Biermann zit. in: Hadler, 1995). Studien aus den 1970er (vgl. Ling, Staude zit. in: Hadler, 1995) und 1980er Jahren bestätigten diesen Trend. Diese Annahme unterstreicht auch nachfolgende Tabelle. 1989 haben 66,5 % der abhängig erwerbstätigen Frauen mit Hochschulabschluss eine Führungsposition inne, wobei in der Literatur die Stellung im Betrieb als DirektorIn, AmtsleiterIn, BetriebsleiterIn, AbteilungsleiterIn, ProkuristIn, SachgebietsleiterIn, ReferentIn und Handlungsbevollmächtigte(r) zur höheren Führungsebene und die herausgehobene, qualifizierte Fachkraft sowie die Stellung als MeisterIn zur mittleren Führungsebene gezählt wird.

Tabelle 6: Stellung im Betrieb der abhängig Erwerbstätigen mit Hochschulabschluss

Stellung im Betrieb	Frauen in %	Männer in %
DirektorIn, AmtsleiterIn, BetriebsleiterIn	2,1	9,1
AbteilungsleiterIn, ProkuristIn	2,2	10,5
SachgebietsleiterIn, ReferentIn, Handlungsbevollmächtigte(r)	5,5	12,4
herausgehobene Fachkraft, MeisterIn	56,7	47,3
SachbearbeiterIn, VorarbeiterIn	15,7	10,7
VerkäuferIn, FacharbeiterIn	4,9	2,4
Bürokraft, angelernte(r) ArbeiterIn	12,4	5,9

Quelle: vgl. Autenrieth et al., 1993, S. 11

Nachdem das Jahr 1975 zum internationalen Jahr der Frauen ausgerufen worden war, gab es eine Vielzahl von Bestimmungen, Gesetzen und Erklärungen zugunsten der schulischen Chancengleichheit und des gleichberechtigten Zugangs zu gleichberechtigten Bildungsgängen. Der Anteil der Studentinnen an den Hochschulen hat sich in den alten Bundesländern von 1972 (30,2 %) bis 1996 (42,5 %) deutlich erhöht (vgl. Presse- und Informationsamt der Bundesregierung, 1998, S. 46), wobei nach wie vor die „weiblichen Studiengänge" im Spektrum der Geisteswissenschaften den größten Anklang fanden. 1981 studierten ganze 10 % der Frauen Ingenieurswissenschaften, wobei sich der Anteil bis 1995/96 auf nur 16,1 % erhöhte. (vgl. Statistisches Bundesamt, 1998, S. 38)

Die Gemischtheit der Gymnasien, Universitäten und Schulabschlüsse sowie die Zunahme der Frauen im Hochschulbereich führten weniger zu einer gleichwertigen Bildung als zu einer Fortführung unterschiedlicher Fächerwahl. Die Anziehungskraft bestimmter Studiengänge auf die Frauen war um so größer, als die Schulen die angenommenen Neigungen der Mädchen noch begünstigte, und sie bewährte sich in der Fortdauer der Unterschiede zwischen angesehenen und weniger angesehenen Fächern. (vgl. Lagrave, 1995)

Diese Tatsache spiegelt sich auch in den Zahlen der zehn beliebtesten Studienfächer der Studienanfänger/-innen 1985/86 und 1995/96 wider:

Abbildung 6: Wintersemester 1985/86 (früheres Bundesgebiet)

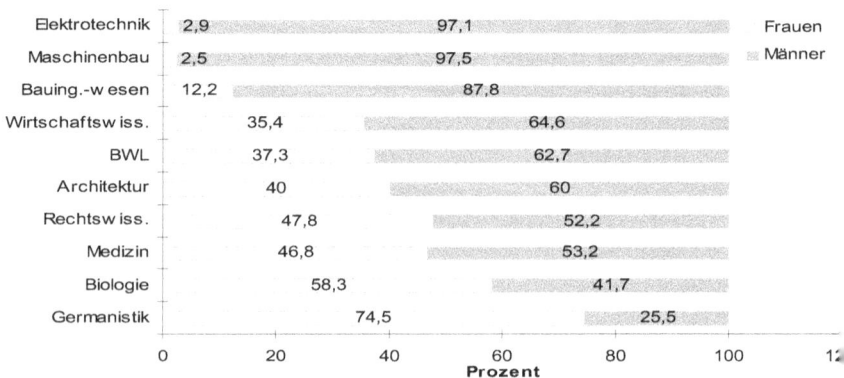

Quelle: vgl. Statistisches Bundesamt, 1998, S. 50

Abbildung 7: Wintersemester 1995/96 (Deutschland)

44

Elektrotechnik	4,7	95,3
Maschinenbau	6,1	93,9
Bauing.-wesen	20,9	79,1
Wirtschaftswiss.	40,3	59,7
BWL	42,9	57,1
Architektur	48,6	51,4
Rechtswiss.	49,5	50,5
Medizin	55	45
Biologie	64,2	35,8
Germanistik	78,4	21,6

Männer
Frauen

0 10 20 30 40 50 60 70 80 90 100

Prozent

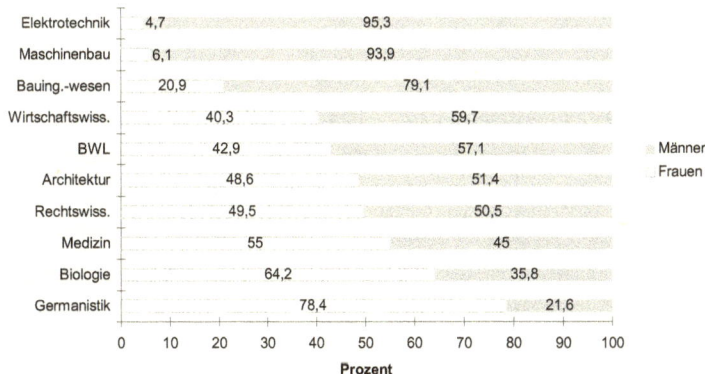

Quelle: vgl. Statistisches Bundesamt, 1998, S. 50

Frauen weisen in größerem Umfang geistes- oder sozialwissenschaftliche einschließlich Lehramtsabschlüsse auf, die vor allem auf Arbeitsplätze im öffentlichen Dienst und weniger auf die in der Privatwirtschaft ausgerichtet sind, als wirtschafts- oder naturwissenschaftliche. Sowohl ein Abschluss in den Geistes- als auch in den Sozialwissenschaften gilt jedoch kaum als besonders günstige Voraussetzung für einen Einstieg oder gar einen Aufstieg in eine Führungsposition. Diese Annahme wurde in diversen Studien (u. a. Hadler, 1995) von den befragten Unternehmen bestätigt. Insgesamt ist in den Antworten eine starke Fixierung auf natur- und wirtschaftswissenschaftliche Studienabschlüsse von Führungskräften zu verzeichnen gewesen. Die benannten Studienfachrichtungen, in denen gute Aussichten für eine Führungslaufbahn bestehen, werden jedoch von Studentinnen in einem geringeren Umfang als von ihren Kommilitonen ausgewählt. Im wirtschaftswissenschaftlichen Studienzweig, der für Managementtätigkeiten in produktionsfernen und produktionsnahen Betrieben von großer Bedeutung ist, beträgt der Frauenanteil ca. ein Drittel. In den natur- und technikbezogenen Fächern sind Studentinnen ebenfalls unterrepräsentiert.

Generell wurde aus den Untersuchungen (vgl. Hadler, 1995) ersichtlich, dass Geistes- und SozialwissenschaftlerInnen zukünftig nicht verstärkt Laufbahnen in die hohen Führungsebenen eröffnet werden. Und solange kein Druck durch ein mangelndes Angebot in den bevorzugten Fachabschlüssen vorliegt, wird sich daran auch nichts ändern.

Folglich ist es erforderlich und für die Frauen wichtig, sich bei der Ausrichtung des Studiums mehr an den Anforderungen des Arbeitsmarktes zu orientieren, um diesem Dilemma (die meisten Führungspositionen gibt es im wirtschafts- und naturwissenschaftlichen Bereich, die meisten Frauen studieren aber geistes- und sozialwissenschaftliche Fachrichtungen) zu entgehen. Dies ist jedoch für die Mehrzahl der Frauen noch neu und ungewohnt. Das Erstreiten des Zugangsrechtes zu Universitäten und Hochschulen brachte nicht automatisch auch eine entsprechende Umorientierung der eigenen Berufstätigkeit mit sich. Nur sehr langsam vollzieht sich eine Trendwende, können sich immer mehr Frauen mit dem Gedanken anfreunden, ihre Berufswahl nicht mehr nur an den eigenen Neigungen, sondern auch an den Anforderungen der Wirtschaft auszurichten. (vgl. Neujahr-Schwachulla, Bauer, 1993, S. 99 f.)

Im Interesse gleicher Chancen für Studentinnen muss es ein wichtiges Ziel sein, die Beteiligung von Frauen auch in den vorrangig von Männern gewählten Fachgebieten zu erhöhen und auch hier Frauen zu motivieren und zu unterstützen, bisher untypische Ausbildungs- und Berufsziele zu wählen. Um das unausgewogene Verhältnis wieder auszugleichen, sollte schon während der Schulzeit der Weg für eine gleichmäßige, geschlechtsunabhängige Verteilung auf alle Studiengänge geebnet werden.

Zur Umverteilung der Geschlechter auf verschiedene Studiengänge kommt die Abwertung der Abschlüsse hinzu, denn auf dem Stellenmarkt haben diese oftmals nicht die gleiche Bedeutung. In den 1980er Jahren wurde geglaubt, dass das hohe Bildungsniveau von Frauen ihrer Diskriminierung im Beruf den Boden entziehen könne. Doch die Hoffnung auf den Automatismus „Bildung gleich Macht" hat sich mehr als Wunschvorstellung erwiesen. (vgl. Assig, Mühlens, 1993, S.114) Denn auch heute noch verdienen Frauen nur einen Teil von dem, was Männer in vergleichsweisen Positionen erhalten und bleiben ihnen die Türen in die Führungsetagen der Unternehmen weitgehend verschlossen.

Für die 1990er Jahre wurde vorausgesagt, dass sich dieses Bild wandeln würde, *„weil es immer mehr Frauen gibt, die sich von dem Anspruch 'besser, schneller, zuverlässiger' sein zu müssen, verabschieden und sich den wichtigeren Dingen und entscheidenden Fragen zuwenden: Der Frage nach ihrem Einfluss, nach ihrer Macht* *und ihren Möglichkeiten."* (ebenda, S. 115) Aus heutiger Sicht hat sich diese Prognose nur teilweise bestätigt. Es ist sicher davon auszugehen, dass der Druck, als Frau für eine vergleichsweise Position mehr leisten zu müssen als ein Mann, geringer geworden ist. Die Gründe dafür können in der wachsenden Anzahl von Vorzeigefrauen in Wirtschaft und Politik, die daraus resultierende Steigerung des Vertrauens in die eigenen Fähigkeiten und im Abbau von Vorurteilen der Öffentlichkeit gesehen werden.

Von einem Wandel kann jedoch insofern nicht gesprochen werden, als dass es nach wie vor keine Selbstverständlichkeit und umso erstaunlicher ist, dass mit der steigenden Zahl qualifizierter Frauen deren hierarchischer Aufstieg in den Unternehmen ganz offensichtlich nicht mithält. Denn in den Führungsetagen großer und kleiner Unternehmen sind die Männer noch immer unter sich. Selbst in den so genannten weiblichen Berufszweigen, den Versicherungen, Banken, dem Schul- und Gesundheitswesen sowie dem Einzelhandel, in denen bis zu 90 % Frauen arbeiten, erscheinen die wenigen weiblichen Führungskräfte *„wie seltene exotische Pflanzen in einem von grauen Anzügen dominierten Managereinerlei."* (Neujahr-Schwachulla, Bauer, 1993, S. 17)

Obwohl, wie oben bereits festgestellt, immer mehr Frauen studieren und dabei genauso gute Studienerfolge erreichen wie Männer, sind Frauen ebenfalls in Forschung und Lehre stark unterrepräsentiert. Mit jeder sich anschließenden Karrierestufe - Promotion, Habilitation, Professur- nimmt der Frauenanteil weiter ab.
Vor allem die Professuren sind nach wie vor eine Domäne der Männer. Insgesamt lehrten und forschten an den Hochschulen Ende 1995 37.700 Professorinnen und Professoren. Der Frauenanteil in der Professorenschaft macht gerade noch 8,2 % (3100) aus; gegenüber 1980 hat sich dieser Anteilswert um ganze 2,9 Prozentpunkte erhöht (siehe Abbildung 8). Diese geringe Beteiligung wird damit erklärt, dass sich hier die sehr lange Zeitspanne zwischen der Hochschulausbildung, dem Erwerb der Habilitation und der Berufung in ein Professorenamt auswirkt. Ferner besteht innerhalb der Professorenschaft nur ein begrenzter Ersatzbedarf, so dass ein drastischer Anstieg des Frauenanteils nur langfristig möglich ist. (vgl. Statistisches Bundesamt, 1998, S. 53)

Abbildung 8: Frauenanteile in verschiedenen Stadien der akademischen Laufbahn
(1980: früheres Bundesgebiet; 1995: Deutschland)

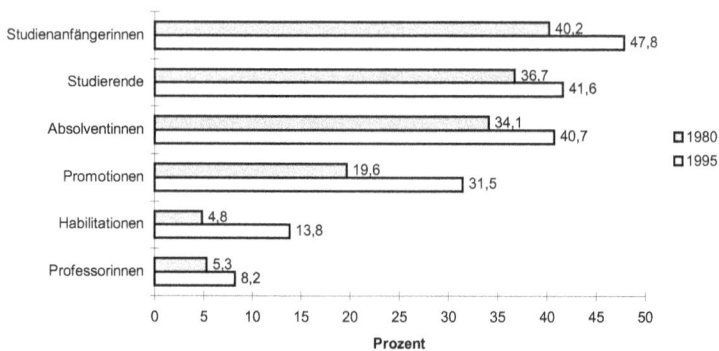

Quelle: vgl. Statistisches Bundesamt, 1998, S. 46

3.1.2.3.2 Erwerbstätigkeit

Berufstätigkeit nimmt heute in der Lebensplanung von Frauen einen wichtigen Platz ein. Von 27,2 Mio. Frauen im Alter von 15 bis unter 65 Jahren in Gesamtdeutschland waren im April 1996 15 Mio. erwerbstätig. Das heißt, 42 % der arbeitenden Gesamtbevölkerung sind Frauen. Folgende Tabelle zeigt die Entwicklung der Zahlen und Anteile der erwerbstätigen Frauen in den alten Bundesländern auf.

Tabelle 7: Zahl und Anteil der erwerbstätigen Frauen 1988 - 1996

Jahr (früheres Bundesgebiet)	Frauen in 1000	Frauenanteil in %
1988	10.607	38,8
1989	10.794	38,9
1990	11.749	40,1
1991	11.965	40,3
1992	12.249	40,7
1993	12.161	40,8
1994	12.127	41,3
1995	12.102	41,4
1996	12.275	41,9

Quelle: Statistisches Bundesamt, 1998, S. 52

Detailliertere Informationen über die Beteiligung am Erwerbsleben liefert die so genannte Erwerbsquote. Sie gibt den Anteil der Erwerbspersonen an der entsprechenden Bevölkerungsgruppe an. In Westdeutschland hat sich die Erwerbsquote der Frauen in den vergangenen 35 Jahren deutlich verändert. Waren 1960 nur 49 % der erwerbsfähigen weiblichen Wohnbevölkerung erwerbstätig, so ist hier seit Anfang der 1980er Jahre eine Steigerung auf 55 % in 1988 und 60 % in 1995 festzustellen. (vgl. Statistisches Bundesamt, 1998, S. 51) Hierbei kommt den Frauen zugute, dass sie sich auf den expandierenden Dienstleistungssektor konzentrieren, der von der allgemeinen Konjunkturentwicklung wesentlich unabhängiger ist als der Produktionsbereich.

Des weiteren ist zu beachten, dass die Zunahme der Erwerbstätigenquote bei westdeutschen Frauen wesentlich auf den Anstieg der Teilzeitarbeit zurückzuführen ist. Auch in der zurückliegenden Phase insgesamt rückläufiger Beschäftigung zu Beginn der 1990er Jahre konnte die Teilzeitbeschäftigung entgegen der Gesamttendenz zulegen. Auch dabei spielte der Dienstleistungssektor, der einen hohen Anteil an Teilzeitarbeitsplätzen aufweist, eine große Rolle.

Zum Thema Teilzeit an dieser Stelle noch einige ausführlichere Anmerkungen. Seit 1973 und vor allem seit 1981 verfolgten die Unternehmen bewusst eine Politik der Teilzeitbeschäftigung, um die Lohnkosten zu senken, denn Arbeit war, bezogen auf ihre Produktivität, zu teuer geworden. Zwischen 1973 und 1986 stieg der Anteil der Teilzeit an der Frauenbeschäftigung erheblich an. 1986 waren in Deutschland 30 % der berufstätigen Frauen teilzeitbeschäftigt, und insgesamt wurde die Teilzeitarbeit zu 90 % von Frauen ausgeübt. (vgl. Lagrave, 1995, S. 515) Der Anstieg der Zahl berufstätiger Frauen war auch damals schon großteils auf Teilzeitbeschäftigungen zurückzuführen.

Teilzeitarbeit als fortschrittliche Alternative auf dem Arbeitsmarkt hat sich jedoch bis heute nicht einschneidend weiterentwickelt. Sie bietet nach wie vor selten Zugang zur Weiterbildung am Arbeitsplatz und begrenzt sicher ebenso den beruflichen Horizont. Für Frauen in Führungspositionen wird Teilzeitbeschäftigung noch viel zu selten angeboten. Seit Mai 1995 führt das Bundesministerium für Familie, Senioren, Frauen und Jugend das Modellprojekt 'Mobilzeitberatung - Qualifizierte Teilzeitarbeit für Frauen und Männer' durch. Hauptziel des Projektes ist es, dass Teilzeitarbeit auch in Fach- und Führungspositionen in der freien Wirtschaft akzeptiert und praktiziert wird. Mobilzeit steht für eine Tages-, Wochen- und Jahresarbeitszeit, die nach individuellen Wünschen und Möglichkeiten vereinbart wird, also für Arbeitsmodelle, die es auch Männern ermöglichen, einer Teilzeitbeschäftigung nachzugehen. Die Konzepte werden dabei gemeinsam mit dem Personalmanagement, dem Betriebsrat sowie mit den in Frage kommenden Beschäftigten interessierter Unternehmen erarbeitet. Es sind ca. 100 Groß-, Mittel- und Kleinbetriebe aus verschiedenen Branchen an diesem Projekt beteiligt. Die dann in den Betrieben bei der Einführung qualifizierter Teilzeitarbeit gemachten Erfahrungen werden dokumentiert und anderen Betrieben als Erfahrungswissen zur Verfügung gestellt. Auf Einzelheiten zu diesem Projekt kann im Rahmen dieser Arbeit leider nicht eingegangen werden, da eine Dokumentation bzw. ein Bericht zu diesem Thema nicht zur Verfügung gestellt wurde.

Hinsichtlich der Stellung im Beruf gibt es sehr deutliche Unterschiede zwischen Männern und Frauen. Im April 1996 ist bei den Männern der Anteil der Selbständigen (12 %) und der Anteil der Beamten (8,5 %) gegenüber 6 % bzw. 4,5% doppelt so hoch wie bei den Frauen. Obwohl noch nie so viele Frauen als Unternehmerinnen und Selbständige in der deutschen Wirtschaft tätig waren. Denn Frauen sehen in der Existenzgründung oft bessere Chancen, im Beruf gleichberechtigt zu sein und ihre Erwerbstätigkeit mit Familienaufgaben besser vereinbaren zu können. Einen deutlichen Unterschied gibt es auch im Angestelltenverhältnis zu verzeichnen. Die weiblichen Erwerbstätigen übten überwiegend Angestelltenberufe aus (63,2 %), bei den Männern gab es dagegen mehr Arbeiter (44,8 %) als Angestellte (34,3 %). 24,2 % der erwerbstätigen Frauen waren als Arbeiterinnen beschäftigt und 2 % als mithelfende Familienangehörige.

Diese vorangestellten Ausführungen über Studium, Bildung und Erwerbstätigkeit der Frauen sollen in Zusammenhang mit der geschichtlichen Entwicklung deren heutige Situation darstellen. Gleichzeitig sollen diese Hintergrundinformationen den Ausgangspunkt für die Analyse der Thematik 'Frauen in Führungspositionen' liefern.

3.2 Frauen in Führungspositionen

3.2.1 Karriereentwicklung

Seine Lebensplanung entwirft jeder individuell für sich oder richtet sich mehr oder weniger konsequent danach aus. Männer planen in der Regel ihre Karriere systematisch und vollziehen Firmenwechsel häufig mit dem Ziel, konsequent nach oben zu kommen. Frauen dagegen haben oft keine zwingende Lebens- und eine damit verbundene Karriereplanung. Sie machen ihren beruflichen Weg überwiegend von äußeren Faktoren abhängig, wie dem Beruf des Partners, den damit verbundenen Umzügen sowie den Kindern. Dementsprechend sind die Zukunftsvorstellungen junger Männer bezüglich ihres Berufes, die Familie wird sowieso parallel angestrebt, klarer definiert als bei jungen Frauen, die seltener eine längerfristige Planung und intensives Verfolgen auch weit entfernter Ziele zeigen. (vgl. Autenrieth et al., 1993)

In großen Maßstäben zu denken und langfristig zu planen ist aber entscheidend für die Karriereentwicklung. Karriereplanung heißt nicht, sich ein für allemal festzulegen, denn das entspricht weder den wirtschaftlichen noch den unternehmerischen Notwendigkeiten und auch nicht den persönlichen Bedürfnissen von Frauen. Planung soll Entscheidungs- und Handlungsmöglichkeiten bewusst machen sowie Spielräume und Alternativen erkennen lassen. Für Männer ist es ganz selbstverständlich, dass die erste Stelle nur der Beginn einer Lehrzeit ist, in der sie gezielt Erfahrungen für den nächsten Job sammeln. Sie erkennen so schon frühzeitig, was für sie wichtig und was nebensächlich ist. Sie qualifizieren sich oft an den lohnenden Projekten, die anderen Aufgaben delegieren bzw. meiden sie. Frauen hingegen wechseln auch heute noch viel seltener den Arbeitsplatz und Aufgabenbereich als ihre männlichen Kollegen. Sie machen sich als zuverlässige Kollegin oft unentbehrlich und blockieren sich damit gleichzeitig auch selbst, denn mitunter ist es negativ als der „bleibende Wert" in einer Firma zu gelten. Wenn sich Frauen dafür entschieden haben, den Schritt aus der zweiten in die erste Reihe zu tun, setzt das voraus, dass sie zu Veränderungen bereit sind und sich diese notfalls auch einfordern müssen. Karriereplanung soll nicht heißen, dass Frauen öfter die Firma wechseln sollten. Aber es bedeutet, dass man überprüfen muss, inwieweit das Unternehmen die eigenen Ziele bereit ist zu unterstützen. Nur so erkennen Frauen Degradierungen oder Chancen, die ihnen geboten werden. (vgl. Assig, Mühlens, 1993)

Der individuelle Karriereplan hängt ebenfalls davon ab, wie eine Person sich selbst Rollen zuschreibt, wieviel Selbstvertrauen sie hat und wie sie die eigene Erfolgswahrscheinlichkeit einschätzt. Frauen führen ihren Aufstieg häufiger auf glückliche Umstände oder wohlmeinende Vorgesetzte zurück, während Männer vor allem ihren Ehrgeiz und ihre angeblich überdurchschnittlichen Fähigkeiten verantwortlich machen. In Anlehnung an verschiedene Untersuchungen in den 1980er Jahren wurde die Hypothese aufgestellt, dass Frauen aufgrund ihrer Sozialisationserfahrungen keine positiven Erwartungen hinsichtlich eines erfolgreichen Karriereverhaltens haben, was wiederum negative Rückwirkungen auf ihre Fähigkeitsentfaltung hat und damit effektiv die Karrierechancen beeinträchtigt. Variablen, die mit dem Selbstkonzept zusammenhängen, haben sich als bedeutsam für die Karriereentwicklung von Frauen herausgestellt. Frauen scheinen demnach weniger Selbstvertrauen als Männer in ihre akademischen Fähigkeiten zu haben. Da diese Überzeugungen eng mit dem Leistungsverhalten zusammenhängen, kann sich das weniger positive Selbstvertrauen von Frauen negativ auf das akademische und berufliche Fortkommen auswirken. Bestätigt wird diese Hypothese auch durch Untersuchungen, die eine ausgeprägtere Karriereorientierung bei Frauen mit einem positiven Selbstwertgefühl feststellen konnten. Man kam zu dem Schluss, dass Frauen mit einem gesunden Selbstbewusstsein eher in der Lage sind, ihre Begabung trotz mangelnder Unterstützung anderer einzusetzen. (vgl. Autenrieth et al., 1993, S. 35 f.)

Was den dynamischen Aspekt der Karriereentwicklung der einzelnen Frau angeht, so konnte in einer Studie von SONJA BISCHOFF von 1986 'Männer und Frauen in Führungspositionen in der Bundesrepublik Deutschland - Ergebnisse einer schriftlichen Umfrage'[2] festgestellt werden, dass auch die Frauen, die der Auffassung sind, dass es für sie in verschiedener Hinsicht ein Vorteil ist, eine Frau zu sein, die Anerkennungsphase hinter sich bringen mussten, in der sie erfahren haben, dass es ein Nachteil ist, eine Frau zu sein. Dieses bezieht sich vor allem auf die enorme Durchsetzungskraft, die gegenüber Kollegen aufzubringen war, und auf die anfängliche Skepsis, die in externen Beziehungen zutage trat. (vgl. Bischoff, 1990)

---

[2] Soweit nicht anders gekennzeichnet, nehmen alle folgenden Beispiele von BISCHOFF Bezug auf diese Studie

Dass Frauen auf ihrem „Weg nach oben" viele Hindernisse zu überwinden haben, steht außer Frage. Wie eben beschriebene Punkte bereits andeuten, können diese Barrieren interner oder externer Art sein. Einerseits müssen sich Frauen stets mit ihren so genannten weiblichen Charaktereigenschaften auseinandersetzen und immer wieder hören, dass diese angeblich nicht geeignet sind für die männerdominierte Führungswelt. Somit ist das zum Teil fehlende Selbstvertrauen in die eigenen Fähigkeiten erklärlich. Andererseits werden sie nach wie vor mit externen Widerständen konfrontiert, die sich u. a. durch bestimmte Rollenzuweisungen (Kindererziehung und Haushaltsführung) oder durch Vorurteile der Öffentlichkeit gegenüber weiblichen Führungsqualitäten (dieselbe Verhaltensweise wird bei einem Mann positiv bewertet und bei einer Frau negativ: wenn Manager sich durchsetzen, werden Managerinnen bei gleichem Verhalten als aggressiv bezeichnet) äußern.

3.2.2 Karrierehindernisse

Die Ursachen dafür, dass der Frauenanteil in Führungspositionen verschwindend gering ist, sind zahlreich, zu einem komplexen Geflecht wechselseitiger Bedingtheiten verwoben, und es lassen sich Fakten und Vorurteile nicht immer klar trennen. Es lässt sich keine Generalursache angeben, ebenso keine einseitige Verantwortung entweder den Frauen oder den Unternehmen (und damit dann überwiegend den Männern als den Führungsverantwortlichen) zuweisen. Vielmehr entfalten hier gleichsam überindividuelle soziale Normen und Erwartungen, Traditionen und Denkschemata auf Seiten der Frauen ebenso wie auf Seiten der Unternehmen eine kaum zu unterschätzende Wirkung.

Das Spektrum reicht von Erziehungsmustern im Elternhaus und Schule über die Verschiedenartigkeit der beruflichen Ausbildung von Männern und Frauen, die mangelnde regionale Mobilität besonders verheirateter Frauen, die immer noch herrschende gesellschaftliche Arbeitsteilung, die den Frauen die Hauptlast der Familien- und Erziehungsarbeit zuweist, bis hin zu Aussagen wie „Frauen haben nicht die Fähigkeiten, die von Führungskräften verlangt werden". (vgl. Krebsbach-Gnath, Schmid-Jörg, 1988, S. 182) Das bedeutet also, Frauen haben sich auf ihrem Weg in die Führungsetagen mit internen und externen Hindernissen auseinander zusetzen:

Abbildung 9: Interne und externe Hindernisse

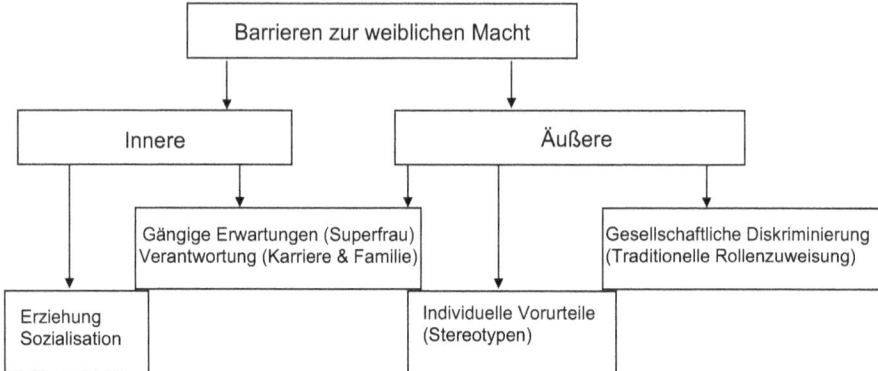

```
                    ┌─────────────────────────────────┐
                    │   Barrieren zur weiblichen Macht │
                    └─────────────────────────────────┘
                              │
            ┌─────────────────┴──────────────────┐
            │                                     │
    ┌───────────────┐                    ┌───────────────┐
    │    Innere     │                    │    Äußere      │
    └───────────────┘                    └───────────────┘
```

| | Gängige Erwartungen (Superfrau) Verantwortung (Karriere & Familie) | | Gesellschaftliche Diskriminierung (Traditionelle Rollenzuweisung) |

| Erziehung Sozialisation | | Individuelle Vorurteile (Stereotypen) | |

Quelle: Josefowitz zit. in: Assig, Mühlens, 1993, S. 118

Ohne Anspruch auf Vollständigkeit sollen nachfolgend einige wichtige Ursachen dargestellt und diskutiert werden. Bezug nehmend auf Vorurteile und Rollenzuweisung
wird mit einem allgemeinen Überblick über Geschlechterstereotype begonnen, der
gleichzeitig einen Einstieg in die Thematik der Aufstiegsbarrieren liefern soll.

3.2.2.1 Geschlechterstereotype

Geschlechterstereotype sind sowohl *„eine Reihe von Eigenschaften und/oder Verhaltensweisen, die einzelnen Frauen oder Männern zugeschrieben werden, weil sie der
Gruppe der Frauen oder der Männer angehören"* (Kay, 1998, S. 69) als auch kom-
plexe Formen des Vorurteils, die im Laufe der Sozialisation erworben werden. Sie
helfen bei der Alltagsbewältigung, weil sie die Komplexität des Lebens reduzieren, in
dem sie Ordnungskategorien schaffen, die sich meist auf sichtbare äußere Merkmale
wie Rasse und Geschlecht beschränken. (vgl. Regnet, 1997, S. 244)

3.2.2.1.1 Entstehung von Stereotypen

Den verstärkten Eintritt von Frauen ins Management verhindern zum Teil heute immer noch die historisch gewachsenen, im Industriezeitalter verstärkten Verhaltensmuster von Männern und Frauen, die im Sozialisationsprozess erlernt und von einer
Generation auf die andere übertragen werden. (vgl. Habermann, 1988)

Tatsache ist, dass jeder Mensch durch die Erziehung der Eltern, der Schule, der Freunde und der Gesellschaft Verhaltensmuster entwickelt, die sich nach dem Geschlecht voneinander unterscheiden. Die Erziehungsmethoden richten sich häufig nach den Erwartungen der Gesellschaft, die für die Rollen „Frau und Mann" verschieden sind. (vgl. Dobner, 1997, S. 16) Untersuchungen über Sozialisationserfahrungen von Jungen und Mädchen sollen bestätigen, dass Mädchen braver und ruhiger als Jungen sind und eher zu sprachlichen und kommunikativen Fähigkeiten neigen als zu technischen und analytischen, weil bereits ab den ersten Lebenstagen geschlechtsspezifische Erwartungen an die Kinder herangetragen werden. Unterschiedliche Verhaltensformen der Geschlechter werden verschieden gelobt oder bestraft und damit verstärkt entwickelt bzw. unterdrückt. Bei Mädchen, die „anders" erzogen wurden, als es die Gesellschaft vorsah, wurden keine typisch weiblichen Verhaltensweisen festgestellt. Die Sozialisationserfahrungen der Kindheit sind zwar besonders prägend, doch der Lernprozess vollzieht sich in allen Lebensphasen und gesellschaftlichen Bereichen. (vgl. Berthoin Antal, 1988) Das heißt, dass Frauen beispielsweise durch ihr Studium andere Verhaltens- und Denkweisen annehmen können, die keineswegs mit ihrem Stereotyp übereinstimmen. Obwohl sich das typische Frauenbild also in zahlreichen Fällen nicht bestätigt, müssen sich alle Frauen mit den ihnen zugesprochenen Charaktereigenschaften auseinandersetzen.

In der Gesellschaft herrschen demzufolge Geschlechternormen, die sowohl Vorstellungen von den Eigenschaften und Kompetenzen der Geschlechter als auch Normen über die Statusbeziehung zwischen ihnen festlegen. Sie zielen auf eine Überlegenheit der Männer in der Gesellschaft und insbesondere in der Männerdomäne Management ab. Das könnte im Konfliktfall zu einem Durchsetzen der Männer gegenüber den Frauen führen trotz gleicher Bedingungen, z. B. trotz gleicher fachlicher Qualifikation. (vgl. Friedel-Howe, 1990) Sicherlich spielen in einem solchen Fall noch andere Kriterien eine Rolle, auf die im folgenden Kapitel näher eingegangen werden soll.

3.2.2.1.2 Wirkungen und Konsequenzen

Geschlechterstereotype tragen zu einer „Geschlechtsetikettierung" von Berufen und Tätigkeiten bei, die in Frauen- und Männerarbeit unterscheidet. Diese Tatsache wirkt sich in zwei Richtungen aus. Einerseits erfordern bestimmte Beschäftigungen typische Merkmale, die zu den charakteristischen Eigenschaften des einen oder anderen Geschlechts gehören und andererseits resultiert aus dieser Bewertung die Einschränkung seitens der Frau auf die für sie bestimmten Berufe. (vgl. Kay, 1998, S. 70 f.) Dieses Phänomen spiegelt sich in den existierenden Geschlechterverhältnissen einzelner Berufe wider.

Wenn Männer und Frauen gebeten werden, Attribute von erfolgreichen Führungskräften aufzulisten, werden in hohem Maße Einstellungen und charakteristische Merkmale wie Aggressivität, Behauptungs- und Durchsetzungswillen sowie Machtorientierung genannt, die eher Männern als Frauen zugeordnet werden können. Beide Geschlechter betonen eher männliche Charaktereigenschaften, wenn sie effektives Managementverhalten beschreiben sollen. (vgl. Weinert, 1990) Eine nach Erfolg im Beruf strebende Frau müsste sich also selbst in die Position begeben, die männlichen Verhaltensweisen des erfolgreichen Managers anzunehmen.

Ausgehend von den wahrgenommenen Anforderungen einer Führungstätigkeit, die auf einer *maskulinen Managementethik"* (Brumlop, 1993, S. 180) beruht, und den wahrgenommenen Personenmerkmalen, die durch das Geschlecht bestimmt und verzerrt werden, wird eingeschätzt, ob Person und Managementaufgaben zusammenpassen.

Abbildung 10: Lack of Fit-Modell von Heilmann

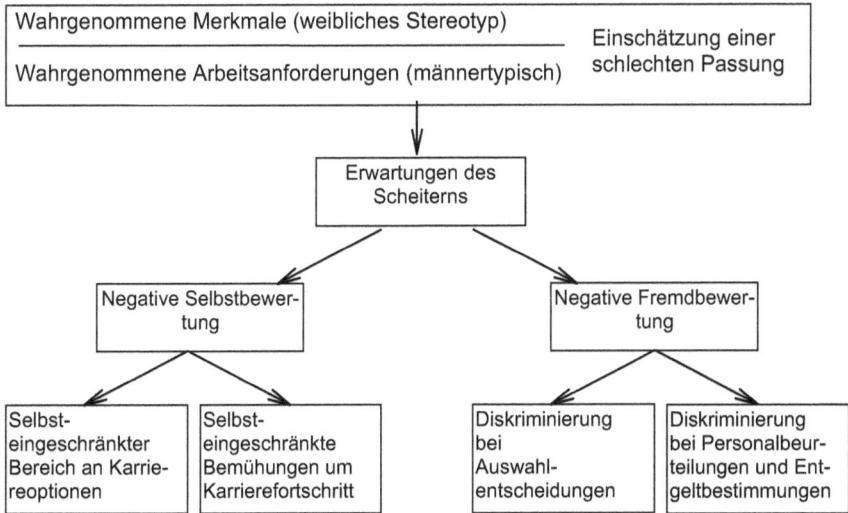

Wahrgenommene Merkmale (weibliches Stereotyp)	Einschätzung einer
Wahrgenommene Arbeitsanforderungen (männertypisch)	schlechten Passung

Erwartungen des
Scheiterns

Negative Selbstbewer- tung	Negative Fremdbewer- tung

Selbst- eingeschränkter Bereich an Karrie- reoptionen	Selbst- eingeschränkte Bemühungen um Karrierefortschritt	Diskriminierung bei Auswahl- entscheidungen	Diskriminierung bei Personalbeur- teilungen und Ent- geltbestimmungen

Quelle: Heilmann zit. in: Kay, 1998, S. 72

Das 'Lack of Fit-Modell von Heilmann' erklärt das Problem der Besetzung bei Führungspositionen mit Frauen sowohl aus Sicht der Personalverantwortlichen als auch
aus Sicht der betroffenen Frauen mit Hilfe der existierenden Geschlechterstereotype.
Es lassen sich also Selbststereotype und auf andere Personen bezogene Fremdste-
reotype unterscheiden, die beispielsweise folgende Wirkungsweisen haben können:

- Ein männlicher Vorgesetzter, der glaubt, dass Frauen für Führungsaufgaben weniger geeignet sind als Männer, beobachtet und fördert seine Mitarbeiterinnen
  diesbezüglich weniger als ihre männlichen Kollegen. Als Konsequenz fühlen sich
  die Frauen diskriminiert bzw. übernehmen die Sichtweise ihres Vorgesetzten aufgrund der fehlenden Ermutigung und Anerkennung (Selbststereotypisierung,
  Selbstbewertung) und zeigen kein aufstiegsorientiertes Verhalten, das beim Vorgesetzten zu einer Bestätigung seiner ursprünglichen Meinung führt.
- In einem anderen Fall nimmt die Frau, bewusst oder unbewusst, das männliche
  Managementmodell als gegeben hin (Selbststereotypisierung) und verzichtet
  schon im Vorfeld auf aufstiegsorientiertes Verhalten, weil sie glaubt, dass sie, obwohl sie objektiv durchaus befähigt scheint, nicht leisten kann, was offensichtlich

nur Männern gelingt. Der Vorgesetzte nimmt dieses Verhalten wahr, behandelt seine Mitarbeiterin entsprechend und bestärkt damit deren Selbststereotypisierung.

Es erscheint wie ein *„selbstverstärkender Kreislauf in der Berufsbiographie: Frauen treten oft mit den Erwartungen in den Beruf ein, dass sie nicht diejenigen sind, die primär gefördert werden und an die sich die Appelle richten, die eigene Karriere zielstrebig zu verfolgen. Sie bewerben sich dementsprechend auch weniger häufig für weiterführende Positionen. Und die Frauen, die sich bewerben, erleben nur zu oft, dass sie nicht berücksichtigt werden und dass an ihrer Stelle ein Mann die Position erwirbt. Diese Erfahrungen verstärken die Tendenz zu der Meinung, dass ungleiche Chancen bestehen und werden weitergegeben. Sie sind damit auch meinungsbildend für die Frauen, die sich nicht bewerben, ja sich womöglich durch die Erfahrungen anderer Frauen von eigener Initiative abbringen lassen.“* (Osterholz zit. in: Regnet, 1997, S. 251)

So könnte die geringe Präsenz von Frauen in Führungspositionen sowohl in den bestehenden männlichen Vorurteilsstrukturen gegenüber berufsorientierten Frauen als auch in den Hindernissen, die sich Frauen selbst in den Weg zu stellen scheinen, erklärt werden. (vgl. Neuhaus, 1988, S. 132) Es ist jedoch zu bedenken, dass in einem Auswahlprozess auch Qualifikation und Erfahrung eine Rolle spielen. Frauen, die in einem Unternehmen durch ihre Arbeit und Persönlichkeit aufmerksam machen und ihre Karriereorientierung verdeutlichen, erhöhen ihre Chancen auf eine vorurteilsfreie Beurteilung und möglicherweise auf eine Beförderung. Warum es für Frauen ab einer bestimmten Karrierestufe nicht weiterzugehen scheint, kann nur zum Teil den Geschlechterstereotypen zugeordnet werden. Weitere Hindernisse werden im Kapitel der Aufstiegsbarrieren analysiert.

Zusammenfassend kann festgestellt werden, dass Stereotype den bestehenden Geschlechterrollen entstammen und die bestehende gesellschaftliche Rang- und Wertordnung festigen. (vgl. Regnet, 1997) Es erscheint deshalb notwendig, diesen Kreislauf gezielt zu durchbrechen. Geschlechterstereotype müssen sich schneller an die Gegebenheiten der Gesellschaft anpassen, sich sozusagen „mitentwickeln“. Damit wäre eine Grundlage dafür geschaffen, dass Stereotype nicht nur behindern, sondern auch fördern können. Die im Management heute verstärkt geforderten, so genannten „weichen Eigenschaften" (*soft skills*), die Frauen ja bekanntlich nachgesagt werden, würden dann zum Beispiel eine Bevorzugung von Managerinnen in den Führungsetagen zur Folge haben.

3.2.2.2 Vorurteile gegenüber Frauen in Führungspositionen

Annähernd 20 % der von BISCHOFF befragten Frauen erklärten, durch Vorurteile gegenüber ihrem Geschlecht in der Karriere behindert worden zu sein. Wird detaillierter nachgefragt, warum Frauen weniger geeignet seien, so wird vor allem angeführt:

♦ Doppelbelastung durch Beruf und Familie

♦ stärkere emotionale Steuerung der Frauen

♦ geringere Objektivität

♦ geringe Durchsetzungsstärke. (vgl. Domsch, Regnet, 1990, S. 107)

Eine Vielzahl von Männern und Frauen sehen noch immer die bereits oben diskutierten Geschlechtsrollenstereotype, wie eine stärkere emotionale Steuerung und geringere Objektivität bei Frauen, wobei ersteres Klischee sicher noch nachvollziehbar, zweiteres jedoch eindeutig in Frage zu stellen ist. Dies ist angeblich insofern bedeutsam, weil „typisch maskuline" Eigenschaftskombinationen (wie z. B. Selbständigkeit, Ehrgeiz, analytisches Denkvermögen, Dominanz) als durchweg erwünschter für einen „guten Manager" angesehen werden als „feminine" Eigenschaften (wie Mitgefühl, Einfühlsamkeit, Sanftheit, Nachgiebigkeit). (vgl. Autenrieth et al., 1993, S. 17) Dass diese Annahme heutzutage nicht mehr uneingeschränkt gilt, zeigt eine Umfrage der Zeitschrift 'XXLiving'. Dort waren sich 85 % aller Befragten darüber einig, dass ihren Chefs die so genannten „weichen Führungseigenschaften", die sozialen Kompetenzen im täglichen Miteinander, beispielsweise das offene Ohr für den Mitarbeiter sowie der faire, sachliche und stark motivierende Umgang mit den Beschäftigten fehlen. (vgl. o. V., 1998 in: XXLiving, S. 28)

Die These, dass Behinderungen, Neid und Missgunst anderer Frauen den Aufstieg verhindern, weil sich Karrierefrauen selbst als die große Ausnahme sehen und Geschlechtsgenossinnen generell wenig zutrauen, kann auch nicht die Unterrepräsentation von Frauen in Führungspositionen erklären, da über den weiteren Aufstieg nicht gleichgestellte KollegInnen entscheiden, sondern ranghöhere Vorgesetzte, die zumeist männlichen Geschlechts sind. (vgl. Autenrieth et al., 1993)

Häufig wird auch berichtet, dass Männer und ebenso Frauen ungern für eine Frau arbeiten würden. Diese Annahme muss allerdings insofern kritisch hinterfragt werden, ob die Arbeit für eine Frau oder aber das Neue, Ungewohnte abgelehnt wird. Möglicherweise befürchten Unternehmen bei Beförderung von Frauen auch kontraproduktive Spannungen sexueller Art. (vgl. Domsch, Regnet, 1990)

Letztendlich ist zu beachten, dass zwischen karriereorientierten KollegInnen immer ein gewisser Wettbewerb besteht, da knappe Güter, hier Aufstiegspositionen, zwangsläufig zu einem Verteilungskonflikt führen. Doch es ist kein echter Wettbewerb, der hier zwischen Männern und Frauen stattfindet, denn es herrscht keine Chancengleichheit. Vorurteile zur Problematik von Frauen in Führungspositionen gibt es ohne Zweifel noch genügend in den Köpfen der Gesellschaft. Ihre Veränderung ist jedoch am schnellsten durch Auseinandersetzung mit eben dieser Situation zu erreichen. Das heißt gerade beim Vorhandensein solcher Vorurteile sind weibliche Führungskräfte notwendig, die dann allerdings nicht „Einzelexemplare" bleiben dürfen, um so durch die Konfrontation mit der Realität Überprüfungen von Vorurteilen hervorzurufen.

3.2.2.3 Doppelbelastung durch Beruf und Familie

Die gesamte Organisation des Arbeitslebens ist größtenteils auf männliche Lebensentwürfe und Biographien und weniger auf Frauen und ihre spezifischen Lebensumstände ausgerichtet. Um jedoch den Frauen eine ihrer Biographie entsprechende Karriere zu ermöglichen und sie damit nicht nur kurzfristig anzulocken, sondern ihnen im eigenen Interesse eine langfristige berufliche Perspektive zu eröffnen, sind zahlreiche „Hilfestellungen" für ambitionierte Frauen nötig. Denn während ein Mann, der sich für die Karriere entscheidet, durchaus Vater werden kann, ohne deshalb irgendwelche beruflichen Einschränkungen hinnehmen zu müssen, sehen sich potentielle „Karrierefrauen" schon wegen der Arbeitszeiten meist zu einer Entscheidung gegen das Kind gezwungen. Unternehmen könnten daher vielen Frauen die Entscheidung für Beruf und Karriere erleichtern, wenn sie an Frauenförderung und der Integration weiblicher Karrieren in ihr unternehmerisches Konzept interessiert sind. (vgl. Neujahr-Schwachulla, Bauer, 1993)

Aus den zahlreichen Befragungen zu dieser Thematik sollen hier zwei Aussagen stellvertretend für die Mehrheit der Meinungen stehen: *„Irgendwann stand ich vor der Kinderentscheidung. Da gibt es nur schwarz oder weiß, etwas dazwischen ist nicht drin. Ich habe mich für die Karriere entschieden und damit gegen Kinder."* (Neujahr-Schwachulla, Bauer, 1993, S. 91) Mit diesen Worten kommentierte die Leiterin einer großen Bankfiliale ihre Entscheidung. Weiterhin stellte sie richtig fest, dass Männer vor genau diese Wahl nicht gestellt werden. Selbst der Personalvorstand dieser Bank ist der Ansicht: *„Wer sich für Kinder entscheidet, sollte da seinen Schwerpunkt haben."* (ebenda) Jeder Kommentar zu dieser Aussage ist überflüssig.

Diese immer noch in zahllosen männlichen und weiblichen Köpfen verankerten Einstellungen müssen leider zu den zentralen Problemen vieler karriereorientierter Frauen gezählt werden, denn während Männer trotz hohen beruflichen Engagements problemlos Kinder in ihre Lebensplanung integrieren können, wird von den potentiellen Führungsfrauen meistens eine „Entweder-oder-Entscheidung" verlangt. Es muss jedoch eine Karriere mit Kindern möglich sein bzw. durch entsprechende Maßnahmen der Unternehmen möglich gemacht werden, um Frauen, aber auch Männern eine erfüllte Lebensplanung zu ermöglichen.

Als Beeinträchtigung für eine Karriere wird ebenso die Erwartung angebracht, dass Frauen aus familiären Gründen ihren Beruf aufgeben und daher Ausbildungs- und Weiterbildungsmaßnahmen sich für die Organisation als Fehlinvestition erweisen. Diese Befürchtungen der Unternehmen führen oft zu einer verminderten Bereitwilligkeit, weibliche Mitarbeiter zu fördern, da, obwohl der Ehepartner ebenfalls Anspruch auf Erziehungsurlaub hat, dieser fast ausschließlich von Frauen genommen wird. Der weibliche Nachwuchs stellt in den Augen vieler Unternehmen langfristig eine unsichere Investition dar, die es aus wirtschaftlichen Gründen lieber zu vermeiden gilt. Das Resultat ist, dass eine vakante Führungsposition lieber mit einem Mann besetzt wird, dessen Ausfallrisiko offenbar geringer eingeschätzt wird.

Folgende Zahlen beweisen jedoch, dass die Verhaltens- und Denkweisen karriere-ambitionierter Frauen dieser Aussage entgegenstehen: Im hochqualifizierten Bereich ([Fach-] Hochschulabschluss) unterbricht die Mehrzahl der Frauen (69 %) ihre Berufstätigkeit überhaupt nicht. Die restlichen Prozent mit Unterbrechung geben dafür primär Umschulung bzw. aufgenommene Ausbildung (49 %), Arbeitslosigkeit (25 %) und erst an dritter Stelle mit gerade 17 % Heirat und Kinder an. (vgl. Engelbrech zit. in: Regnet, 1997, S. 254)

Auch die Unternehmenszugehörigkeit von Frauen, die trotz Familienphase länger ist als bei Männern, da diese eine höhere Fluktuationsrate aufweisen, spricht gegen oben genannte Vorbehalte. (vgl. Wirtschaftswoche 35/1984 zit. in: Autenrieth et al., 1993, S. 18) Während aber beim männlichen Führungsnachwuchs, der nach einigen Jahren aus dem Unternehmen ausscheidet, wenn ihm woanders ein besseres Angebot gemacht wird, keiner ernsthaft fordert, deswegen Qualifikationsprogramme und Nachwuchsförderung einzustellen, sieht es bei Frauen leider anders aus. Nicht selten werden Einzelfälle generalisiert und so die Vorbehalte der Personalverantwortlichen bestätigt.

Die Vereinbarkeit von Karriere und Familie wird Frauen sehr schwer gemacht, da die Unternehmen Arbeitszeitflexibilisierung für weibliche (und auch männliche) Führungskräfte größtenteils ausschließen, weil *die Arbeit einer Führungskraft nicht in Teilzeit bewältigt werden könne und (Personal-) Verantwortung unteilbar sei.* (Regnet, 1997, S. 259) Auch die Erwartung, eine ambitionierte Führungskraft müsse immer auch überdurchschnittlichen quantitativen Einsatz zeigen, stellt nur ein weiteres Hindernis auf der Karriereleiter dar. Zu dieser Thematik sei auch auf die Förderungsprogramme einzelner Unternehmen und die Zukunftsaussichten von 'Frauen in Führungspositionen' im Rahmen dieser Arbeit verwiesen.

3.2.2.4 Weitere aufstiegshindernde Gründe

3.2.2.4.1 Nicht arbeitsmarktadäquate Berufsausbildung
Während sich der Frauenanteil in den Wirtschaftswissenschaften in den letzten Jahren kontinuierlich erhöht hat, erreicht er, wie oben bereits detailliert erörtert, in den technischen Fächern bei weitem noch keine zufrieden stellenden Zahlen. Dafür sind

Frauen in den klassischen Berufszweigen, wie im medizinischen, Handels- und Dienstleistungsbereich, überproportional vertreten. Frauen studieren also größtenteils am führungsrelevanten Arbeitsmarkt vorbei und tragen somit natürlich nicht zu einer Erhöhung ihres Anteils in Führungspositionen bei. (vgl. Alfen-Baum et al., 1993)

3.2.2.4.2 Mangelndes Geschick beim Karriereaufbau

Mit Verweis auf das oben ausführlicher behandelte Thema der 'Karriereentwicklung' sollen an dieser Stelle die Schwierigkeiten beim weiblichen Karriereaufbau nur kurz dargestellt werden. Im Aufstiegsgeschehen haben sich bestimmte karrierefördernde Verhaltensweisen herausgebildet. Um ihre eigene Karriere gezielter zu fördern, müssen sich Frauen diese Verhaltensmechanismen mehr und mehr aneignen. Dazu gehört auch die Erkenntnis, dass hervorragende Leistungen nicht immer für sich selbst sprechen, sondern auch aktiv verkauft werden müssen. (vgl. ebenda, S. 152)

Vor diesem Hintergrund werden heute speziell Karriereberatungen für Frauen angeboten. *„Viele Frauen neigen aufgrund ihrer Erziehung dazu, bescheiden mit ihrem Können umzugehen. Jungs werden gelobt, wenn sie sich in einer Gruppe hervortun, Mädchen, wenn sie zurückhaltend sind"*, so die Leiterin von Faire Carrière, einer Kölner Karriereberatung für Frauen. *„Folge: Frau wird untergebuttert, Mann befördert."* Deswegen dienen verschiedene Seminare dazu, dass Frauen lernen, ihre Potentiale und Stärken wahrzunehmen und geschickt anzupreisen. (vgl. o. V., 1998 in: women & work, S. 97)

3.2.2.4.3 Eingeschränkte geographische Mobilität

Wenn in der Diskussion um weibliche und männliche Führungskräfte Unterschiede hervorgehoben werden, so ist es häufig die geographische Mobilität, die den Frauen gegenüber den Männern abgesprochen wird. Eine Untersuchung zu Einstellungen zur Karriere des Partners bzw. der Partnerin bei Fachhochschul- und HochschulabsolventInnen hat ergeben, dass sich bei den Befragten keine geschlechtsspezifischen Differenzen zeigen. Eine Trennlinie zwischen den Geschlechtern verläuft dort, wo keine Möglichkeiten der adäquaten oder auch weniger attraktiven Beschäftigung gesehen werden: Während Frauen fast doppelt so häufig wie Männer dazu bereit wären, auf ihre Beschäftigung zu verzichten (11% gegenüber 6 %), würden Männer umso häufiger zugunsten ihrer Berufstätigkeit versuchen, die Beziehung über eine Distanz aufrechtzuerhalten. (vgl. HIS zit. in: Autenrieth et al., 1993, S. 21 ff.) Diese Aussage bestätigt dann wenigstens einmal die These, dass Frauen Glück und Zufriedenheit im Privatleben wichtiger sei als im Beruf.

Für verheiratete karriereorientierte Frauen ist eine Versetzung im In- oder Ausland häufig mit großen Problemen verbunden. Dies führt dazu, dass Frauen wesentlich seltener als Männer wegen eines Karrieresprungs umziehen: 56 % der männlichen, aber nur 39 % der weiblichen Führungskräfte haben aus betrieblichen Gründen schon mindestens einmal den Wohnort gewechselt. (vgl. Bischoff, 1990) Frauen verzichten also häufiger auf eine angemessene weitere Karriere, wenn diese mit einem Wohnortwechsel verbunden ist. (vgl. Domsch, Krüger-Basener zit. in: Autenrieth et al., 1993, S. 23)

Deutlich ist auch der Mobilitätsunterschied bei Frauen und Männern mit Studium gegenüber den Frauen und Männern mit Lehre: Bei den Frauen und Männern mit Studium ist der Anteil derer, die Wohnortwechsel angeben, höher als bei den Frauen und Männern mit Lehre, wobei der Unterschied bei den Frauen besonders augenfällig wird; 53 % der Frauen mit Studium (62 % der Männer) geben Wohnortwechsel an, dagegen nur 23 % der Frauen mit Lehre (49 % der Männer). (Bischoff, 1990, S. 43)

3.2.2.4.4 Veränderungswiderstand und Ängste auf Seiten der Männer

Für Sozialwissenschaftler ist es ein vertrautes Phänomen, dass weniger die Gegensätze sich anziehen, als vielmehr, dass Menschen mit ähnlichen Verhaltensmerkmalen sich zueinander gesellen. Das heißt, man neigt unbewusst dazu, auch bei Personalentscheidungen diejenigen auszuwählen, die einem selbst ähneln. Je homogener eine Gruppe ist, um so sicherer und wohler fühlen sich deren Mitglieder. Kommt jemand hinzu, der „anders" ist, nimmt dieses Sicherheitsgefühl ab. Und das „Anderssein" der Frauen wird offensichtlich wahrgenommen. (vgl. Regnet, 1997)

Weibliche Fach- und Führungskräfte rücken als Gleichgestellte bzw. Übergeordnete in Männerdomänen vor und verkörpern somit eine Abweichung vom Gewohnten. Einem solchen innerorganisatorischen Wandel steht häufig ein Veränderungswiderstand entgegen, dessen Ziel es ist, den alten Zustand beizubehalten bzw. wiederherzustellen und dadurch entstandene Unsicherheiten aufgrund der Veränderungen zu beseitigen.

FRIEDEL-HOWE (zit. in: Regnet, 1997, S. 260) meint, *„Theorie, Plausibilität und auch Forschung sprechen dafür, dass auf Seiten der Männer selbst mehr Vorbehalte und Ängste gegenüber weiblichem Zuwachs im Management bestehen, als sie zugeben (und vielleicht selber wissen)"*. Sie fasst folgende Ängste der Männer zusammen:

♦ vor weiblicher Konkurrenz hinsichtlich knapper Ressourcen und begehrter Arbeitspositionen

♦ vor Statusverlust, wenn Frauen in demselben Bereich arbeiten

♦ vor Bedrohung der männlichen Identität

♦ vor Ambivalenz aufgrund der sexuell-erotischen Implikationen

♦ vor häuslichen Konsequenzen, wenn auch die eigene Partnerin gleiche Rechte einfordert.

So abgedroschen diese Aussagen auch klingen mögen, der Wahrheit entsprechen sie allemal und können neben dem beruflichen auch im privaten Alltag sehr häufig vorgefunden werden.

Einige der oben genannten Hindernisse bei der weiblichen Karriere lassen sich nach BRODDE (zit. in: Regnet, 1997, S. 250) hervorragend in folgendem Dilemma zusammenfassen:

♦ Sind sie jung, denkt man an ein Gebärrisiko. Sind sie in einem Alter, in dem dieses Gebärrisiko geringer ist, gelten sie als zu alt für das dynamische Wirtschaftsgeschehen.

♦ Verzichten sie auf Kinder, sind sie keine wirklichen Frauen und egoistisch auf Selbstverwirklichung und Wohlstand aus. Haben sie Kinder, geht das zu Lasten ihrer Mobilität, und es besteht ein Fehlzeiten-Risiko.

♦ Sind sie verheiratet, so sind sie weniger mobil und verplanbar. Sind sie nicht verheiratet, so sind sie unattraktiv oder persönlich zu schwierig.

3.2.2.5 Schlussfolgerung

Der Vorstoß von Frauen in Führungspositionen macht für viele Männer, die bis heute alle Managementaufgaben weitestgehend unter sich aufgeteilt haben, eine Umstellung sowohl in ihren Einstellungen als auch in ihrem Verhalten gegenüber Frauen notwendig. Wo Vorurteile und stereotype Rollenklischees über Frauen die Verhaltensweisen der Männer bestimmen, ist eine erfolgreiche Zusammenarbeit beider Geschlechter kaum zu erwarten. Um ihre Leistungsfähigkeit und Kompetenz unter Beweis zu stellen, sehen sich Frauen deshalb oft gezwungen, eine Anpassung an männliches Führungsverhalten vorzunehmen. Diese Art der Anpassung spiegelt sich nicht nur in ihren Handlungen wider, sondern auch im äußeren Erscheinungsbild. (vgl. Neuhaus, 1988, S. 125) Oft werden die Fähigkeiten und Qualitäten von Frauen auch an ihrem Aussehen gemessen: je attraktiver und damit weiblicher eine Managerin erscheint, um so weniger wird sie als fähige Führungskraft akzeptiert. (vgl. Regnet, 1997)

„Wo sich männlicher Machtanspruch mit weiblicher Duldsamkeit und weiblichem Harmoniestreben paart, haben Frauen nur geringe Chancen, in die eigentlichen Schaltstellen aufzusteigen. Gerade das aber wird langfristig für unsere Gesellschaft kontraproduktiv sein" (Habermann, 1988, S. 71), denn neue technisch-wirtschaftliche Zusammenhänge, geschaffen durch neue Technologien, insbesondere Informationstechnologien, stellen neue Anforderungen an Arbeitsorganisation, Arbeitseinteilung, Teamfähigkeit, Integrationsfähigkeit und Eigenverantwortlichkeit. (vgl. ebenda) Gerade auch aus dieser Sicht ist es verwunderlich, dass Frauen aufgrund ihrer geschlechterstereotypischen Eigenschaften, die im Management heute unter dem Begriff der Sozialkompetenz gefordert werden, nicht verstärkt in Führungspositionen aufsteigen.

3.2.3 Einkommensverhältnisse und hierarchische Stellung

Der Status einer Führungskraft in der Wirtschaft ist im Wesentlichen bestimmt durch das Bruttojahresgehalt und die erreichte hierarchische Position. Die finanzielle Situation von Frauen in Führungspositionen im Vergleich zu ihren Kollegen ist signifikant unterschiedlich. Während im höheren Management 63 % der Frauen ein Jahresgehalt unter 100.000 DM beziehen, verdienen 76 % der Männer mehr als 100.000 DM pro Jahr. (vgl. Bischoff, 1990, S. 25) Folgende Übersicht zeigt die gehaltliche Einordnung von Frauen und Männern, die der höheren Führungsebene angehören:

Tabelle 8: Gehaltliche Einordnung

	Frauen	Männer
bis 80.000 DM	36 % ⎫ 63 %	8 %
80.000 DM bis 100.000 DM	27 % ⎭	15 %
100.000 DM bis 150.000 DM	31 %	57 % ⎫ 76 %
über 150.000 DM	5 %	19 % ⎭

Quelle: vgl. Bischoff, 1990, S. 25

Während die meisten Frauen auf der Abteilungsleiterebene und darunter beschäftigt sind, gehören die meisten Männer der Hauptabteilungsleiterebene an. Die Gehaltsunterschiede können allerdings nicht mit dem Positionsunterschied zwischen Frauen und Männern erklärt werden, da selbst auf gleicher hierarchischer Ebene Frauen durchweg weniger verdienen als Männer. Diese Tatsache macht nachfolgende Darstellung der Einkommen bis und ab 100.000 DM deutlich:

Tabelle 9: Übersicht der Einkommen ab und bis 100.000 DM

	Abteilungs- leiter/-in	Haupt- abteilungsleiter/-in	Geschäfts- führer/-in, Vorstand
Frauen			
Einkommen (DM)			
bis 100.000	72 %	43 %	47 %
ab 100.000	28 %	57 %	53 %
Männer			
Einkommen (DM)			
bis 100.000	39 %	19 %	10 %
ab 100.000	60 %	79 %	90 %

Quelle: vgl. Bischoff, 1990, S. 26

Es ist erstaunlich, heutzutage noch so gravierende Einkommensunterschiede in derselben beruflichen Stellung vorzufinden. Und dass in einer Zeit, wo der Ruf nach

Gleichberechtigung fast belächelt bzw. gar nicht mehr ernst genommen wird, da die Mehrzahl der Männer überzeugt ist, mit der Gleichstellung der Frau sei alles in Ordnung. Dass dies jedoch nicht der Fall ist, beweist einmal mehr oben genanntes Beispiel.

Woran liegt es nun oder gibt es anhand der objektiven Daten der Arbeitssituation, des beruflichen Werdegangs und des familiären Hintergrunds sowie der persönlichen Einschätzung der in Untersuchungen Befragten Anhaltspunkte dafür, dass Einkommens- und Positionsunterschiede begründet sind?

Einerseits wurde bei der Analyse der geschlechtsspezifischen Unterschiede (vgl. Autenrieth et al., 1993) dem Argument nachgegangen, diese Ungleichheit läge an der unterschiedlichen Qualifikation der befragten weiblichen und männlichen Führungskräfte. Der positive Zusammenhang von höherer Qualifikation und dem Jahreseinkommen ist allerdings für alle Führungskräfte unabhängig vom Geschlecht zutreffend. Da die analysierten weiblichen Führungskräfte über keine geringere formale Qualifikation verfügen, können die geschlechtsspezifischen Bruttojahreseinkommen nicht darauf zurückgeführt werden. Die Vermutung liegt deshalb nahe, Frauen in Führungspositionen würden bei derselben Qualifikation geringer vergütet werden. Die Untersuchung einzelner Führungskräfte-Gruppen, differenziert nach verschiedenen Ausbildungsabschlüssen, ergab jedoch mit einer einzigen Ausnahme keine geschlechtsspezifischen Ergebnisse hinsichtlich des Bruttojahreseinkommens bei gleicher formaler Qualifikation. Diese Ausnahme bildeten die Führungskräfte mit Hochschulabschluss in den Banken. In den untersuchten Unternehmen des Bankgewerbes werden signifikante geschlechtsspezifische Bruttojahresgehälter bei Akademikern und Akademikerinnen gezahlt. In Anbetracht des branchenspezifisch hohen Anteils an weiblichen Führungskräften in Banken muss diese Abweichung besonders hervorgehoben werden.

Bei BISCHOFF (vgl. Bischoff, 1990) zeigt ein Vergleich der Einkommen der Frauen und Männer in den verschiedenen Branchen, dass die meisten Frauen in allen Branchen (im Handel 62 %, in der Industrie 66 %, im Dienstleistungssektor 57 %) unter 100.000 DM, die meisten Männer in allen Branchen über 100.000 DM verdienen (im Handel 71 %, in der Industrie 75 %, im Dienstleistungssektor 80 %). Diese Tatsache lässt sich u. a. damit erklären, dass in allen Branchen Frauen am häufigsten auf der Abteilungsleiterebene und darunter anzutreffen sind, Männer dagegen am häufigsten auf der Hauptabteilungsleiterebene.

Des weiteren wurden zur Erklärung der geschlechtsspezifischen Einkommen die Löhne und Gehälter, die in den einzelnen Unternehmensbereichen bezahlt werden, untersucht. (vgl. Autenrieth et al., 1993) Tatsächlich besteht hier ein wesentlicher Zusammenhang. Am besten wird in der Forschung und Entwicklung bezahlt, danach folgen das Marketing und die EDV sowie das Steuer- und Rechtsressort, die Produktion und das Finanzierungs- und Rechnungswesen. Der Vertrieb, das Personalwesen und die Planungsabteilungen nehmen die letzten Plätze ein. Der Anteil der Frauen in solchen Funktionen, die mehr den Charakter der Unterstützung haben (Finanzen, Personal, Werbung) ist höher als der der Männer, während Männer zu höheren Anteilen in solchen Bereichen tätig sind, die den konkreten betrieblichen Umsatz- bzw. Umwandlungsprozessen zuzurechnen sind (Management, Marketing, Produktion). (vgl. Bischoff, 1990) Somit wird deutlich, dass Frauen eher in schlechter bezahlten Unternehmensbereichen arbeiten. In Anbetracht der geschlechtsspezifischen Besetzung der einzelnen Unternehmensbereiche könnte darin ein Grund für den signifikanten Unterschied in den Einkommen der Führungskräfte liegen.

Tatsache ist, dass die meisten Frauen in Führungspositionen weniger als die meisten Männer verdienen, was darauf zurückzuführen sein kann, dass

♦ sie überwiegend auf niedrigerer hierarchischer Ebene als Männer tätig sind,
♦ sie häufiger als Männer in einer Branche tätig sind, in der im allgemeinen weniger verdient wird,
♦ sie häufiger als Männer in kleineren Unternehmen tätig sind,
♦ sie häufiger als Männer in solchen Funktionen tätig sind, in denen Leistung und Erfolg weniger unmittelbar einkommensbestimmend sind als in anderen Funktionen. (vgl. Bischoff, 1990)

Diese Erklärungen werden größtenteils durch die Befragungsergebnisse gestützt.

Doch es kann nicht die alleinige Begründung der geschlechtsspezifischen Einkommensunterschiede sein, da Frauen in Führungspositionen auch dann weniger als Männer in Führungspositionen verdienen, wenn

- sie auf gleicher hierarchischer Ebene tätig sind wie Männer,
- sie in derselben Branche tätig sind wie Männer,
- sie in Unternehmen gleicher Größenklasse tätig sind wie Männer,
- sie in denselben Funktionen tätig sind wie Männer
- sie die gleichen formalen berufsqualifizierenden Abschlüsse wie Männer aufweisen. (vgl. ebenda)

Eine Beantwortung der Frage, warum Einkommensunterschiede bei Frauen und Männern in Führungspositionen bestehen und wodurch sie gerechtfertigt sein sollen, kann also nicht eindeutig vorgenommen werden. Auch die Literatur ist sich darüber uneinig, und selbst die Ergebnisse empirischer Untersuchungen liefern keine deutlichen Begründungen. Die Ursachen dafür liegen ganz gewiss tiefer und sind sicherlich großteils in der geschichtlichen Entwicklung zu suchen.

3.2.4 Soziales Umfeld

Das private Umfeld von weiblichen und männlichen Führungskräften weist sehr deutliche geschlechtsspezifische Divergenzen auf. In einer Untersuchung (vgl. Autenrieth et al., 1993) wurde festgestellt, dass sich ein Parameter des privaten Umfeldes, der Familienstand, durch eine dreimal so hohe Quote Alleinstehender unter den weiblichen als unter den männlichen Führungskräften auszeichnet. Während fast 90 % der Männer verheiratet sind oder mit einer festen Lebenspartnerin zusammenleben, gilt das nur für 67 % der Frauen.

Tabelle 10: Familienstand und Kinder

	Weibliche Führungskräfte	Männliche Führungskräfte
Familienstand		
♦ allein lebend	32,6 %	11,2 %
♦ zusammen lebend	67,4 %	88,5 %
Kinder		
♦ ja	13,6 %	63,2 %
♦ nein	86,4 %	36,5 %

Quelle: vgl. Autenrieth et al., 1993, S. 80

Besteht hinsichtlich des Familienstandes schon ein gravierender Unterschied, so ist er bei der Frage nach Kindern noch deutlicher. Nur 13,6 % aller befragten Frauen haben im Gegensatz zu 63,2 % der Männer Kinder. Die Betrachtung der Anzahl der Kinder fügt sich in diese Feststellung mit ein. Von den Führungskräften mit Kind haben Frauen zu einem weitaus höheren Anteil Einzelkinder, nur ein Viertel der Frauen (24,4 %) versorgen mehr als ein Kind - im Gegensatz zu zwei Dritteln der Männer (68,8 %). Einer der Gründe für diese Ausprägungen könnte darin liegen, dass die befragten Frauen durchschnittlich jünger sind im Vergleich zu den Männern, denn 69,1 % der Frauen waren unter 36 Jahre alt (im Vergleich: 48,2 % der Männer). Dem widerspricht jedoch, dass 87 % der Männer mit Kindern bei der Geburt ihres ersten Kindes unter 36 Jahren alt waren, und mehr als die Hälfte der Männer, die zwei Kinder haben, beide Kinder bereits mit 36 Jahren hatten. Unter den Frauen mit einem Kind sind zwar auch immerhin drei Viertel der Frauen unter 36 Jahre alt, jedoch nur noch 30 % der Frauen mit zwei Kindern gehören zu dieser Altersgruppe. (vgl. Autenrieth et al., 1993)

Diese Betrachtungen verdeutlichen offenkundig, dass sich weibliche und männliche Führungskräfte in Bezug auf den Zeitpunkt des Beginns ihrer Familienphase unterscheiden. Frauen in Führungspositionen bzw. als Führungsnachwuchskräfte gedenken, ihre Kinder in einem späteren Alter als ihre Kollegen zu bekommen. Dies gilt sowohl für das erste als auch für das zweite Kind. In beiden Fällen werden weibliche Führungskräfte älter bevor diese Familienphase für sie beginnt. Die Vermutung liegt hier nahe, dass karriereorientierte Frauen, um Kinder und Karriere besser vereinbaren zu können, zuerst Berufserfahrung sammeln, und deshalb ihre Kinder, sofern erwünscht, zu einem späteren Zeitpunkt als die Männer planen.

Ein weiterer Grund für die zeitlich versetzte Familienplanung könnte der in der Studie von BISCHOFF festgestellte Unterschied bei der Berufstätigkeit der jeweiligen Ehepartner sein. Denn während die Partner der Frauen überwiegend der Ebene der leitenden Angestellten entstammen, sind die Partnerinnen der Männer, wenn sie nicht nicht-berufstätige oder teilzeitbeschäftigte Hausfrauen sind, auf der Ebene der mittleren Angestellten tätig. (vgl. Bischoff, 1990) Somit ist auch klar, warum männliche Führungskräfte eher Väter werden als weibliche Führungskräfte Mütter.

Ein Erstaunen bildet sich hier aber insofern, dass Männer in Führungspositionen eine Haus- und keine Karrierefrau bevorzugen, was wohl wieder mit dem Rollenverständnis und den Klischeevorstellungen zu erklären ist. In einigen Fällen der von BISCHOFF befragten Frauen hatten diese sogar ihre recht guten beruflichen Positionen, die sie zum Hauptverdiener der Familie prädestiniert hätten, aufgegeben, um die Karriere ihres Mannes zu fördern oder zumindest nicht zu behindern. (vgl. Bischoff, 1990, S. 51)

Des weiteren kann der hohe Anteil der allein stehenden weiblichen Führungskräfte ebenfalls mit der Feststellung der unterschiedlichen beruflichen Position erklärt werden, da es bekanntlich für Männer ein großes Problem ist, eine Lebenspartnerin, die im Beruf eine höhere hierarchische Stellung einnimmt als er, an seiner Seite zu haben. Andersherum ist es folglich für Führungsfrauen wesentlich schwieriger, einen „entsprechenden" Mann zu finden.

3.2.5 Bestandsaufnahme

Gerade einmal zwölf Frauen sind in den Vorständen, also im Top-Management, der 600 umsatzstärksten deutschen Aktiengesellschaften vertreten. (Presse- und Informationsamt der Bundesregierung, 1998, S. 74) Ob in Wirtschaft, Verwaltung oder Handel, Frauen in Führungspositionen sind nach wie vor die Ausnahme. In der niedrigsten Einstufung als Bürokraft oder angelernte Arbeiterin befinden sich dagegen 37 % der Frauen. Folgende Übersicht stellt den Anteil der abhängig erwerbstätigen Frauen und Männer nach Stellung im Betrieb dar:

Tabelle 11: Anteil von Frauen und Männern in Führungspositionen 1995 (nur Westdeutschland)

	Frauen	Männer
mittlere Führungsebene	32,0 %	68,0 %
höhere Führungsebene	19,6 %	80,4 %

Quelle: vgl. Statistisches Bundesamt, 1998, S. 60 - 61 (eigene Bearbeitung)

Die Stellung der Erwerbstätigen im Betrieb wird seit 1985 von der amtlichen Statistik im 2-Jahres-Rhythmus erfragt. Danach hat sich der Frauenanteil in Führungspositionen seit dieser Zeit in den alten Bundesländern um 5 Prozentpunkte erhöht.

Abbildung 11: Erwerbstätige nach Stellung im Betrieb (nur Westdeutschland)

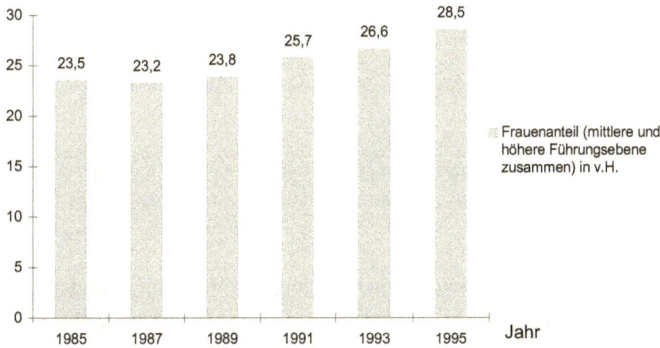

Quelle: vgl. Statistisches Bundesamt, 1998, S. 60 - 61 (eigene Bearbeitung)

Ein globaler Überblick über die Unternehmen, in denen die von BISCHOFF befragten Frauen und Männer beschäftigt sind, zeigt, dass Frauen zwar ebenso wie Männer am häufigsten in einem Industriebetrieb tätig sind, jedoch im Vergleich zu den Männern deutlich stärker im Handel vertreten sind, während Männer wiederum häufiger als Frauen in Führungspositionen der Dienstleistungsbetriebe zu finden sind. (vgl. Bischoff, 1990)

Im Hinblick auf die Unternehmensgröße der Arbeitgeber ist festzustellen, dass Frauen deutlich häufiger in kleineren Unternehmen beschäftigt sind als Männer. Die Abnahme des Anteils weiblicher Führungskräfte mit zunehmender Unternehmensgröße ist aus folgender Tabelle ersichtlich. Die oben genannte vergleichsweise häufigere Vertretung von Frauen in Führungspositionen im „Handel" kann der Tabelle ebenfalls entnommen werden.

Tabelle 12: Anteil weiblicher Manager der 1. bis 3. Führungsebene

		Unternehmen mit einer Beschäftigtenzahl von		
	insgesamt	bis zu 500	501 - 5000	> 5000
1. Ebene:	2,7 %	4,3 %	1,6 %	0,6 %
Vorstand/			Handel Chem. Ind. Elektroind.	
Geschäftsführer			5,1 % 0,8 % 3,5 %	
2. Ebene:	3,3 %	5,4 %	2,5 %	1,1 %
Hauptabteilungsleiter			5,3 % 3,3 % 2,3 %	
3. Ebene:	6,9 %	9,1 %	7,3 %	4,5 %
Abteilungsleiter			10,5 % 5,5 % 5,9 %	

Quelle: Arbeitsmarktstudie 1990/91 von Management Wissen und ZAV Zentralstelle für Arbeitsvermittlung, entnommen aus: Demmer, 1991 zit. in: Hadler, 1995, S. 51 (bearbeitete Darstellung)

Wie im Kapitel ... bereits angesprochen, zeigt die Verteilung auf die Funktionsbereiche sowohl bei Männern als auch bei Frauen deutliche Schwerpunkte. Der Anteil von Führungspositionen der Frauen gegenüber dem der Männer ist höher in den Bereichen

♦ Finanzen/Rechnungswesen/Controlling,

♦ Personalwesen,

♦ Werbung/PR/Kommunikation und

♦ Einkauf,

während der Anteil der Männer höher ist als der der Frauen in den Bereichen

♦ Marketing/Vertrieb/Verkauf,

♦ Produktion,

♦ General-Management und

♦ Forschung und Entwicklung. (vgl. Bischoff, 1990, S. 23)

„Bislang sind Frauen in Top-Positionen zwar dünn gesät. Aber sie sind im Kommen", prophezeit SONJA BISCHOFF. Die Hamburger Universitätsprofessorin stufte 300 deutsche Großunternehmen und die 100 größten Banken (jeweils nach Beschäftigtenzahl) nach dem Frauenanteil im Top-, Mittel- und unteren Management ein. Das Fazit dieser BISCHOFF-Studie: Auf der unteren Managementstufe weisen die befragten Firmen im Durchschnitt schon einen Frauenanteil von 15 Prozent auf, im Top-

Management sind es klägliche fünf Prozent. *„Das heißt, dass Unternehmen sich angesichts steigender Absolventinnenzahlen in wirtschaftsnahen Studiengängen für junge Frauen öffnen"*, kommentiert die Autorin das Zahlenwerk. Schließlich dauert der Aufstieg in die oberste Führungsetage ohne weiteres 15 bis 20 Jahre. So kommt BISCHOFF auch zu einer aufmunternden Prognose: *„In der überwiegenden Mehrzahl von Unternehmen - ca. 85 Prozent - geht man davon aus, dass Frauen stärker als bisher in der 'Führungsmannschaft' vertreten sein werden."* (vgl. http://focus.de/D/DB/DBQ/DBQA/dbqaa.htm)

Folgende Tabelle stellt die Top 15 der von BISCHOFF untersuchten Unternehmen mit dem höchsten Anteil von Frauen im Management dar.

Tabelle 13: Die Top 15

Rang	Unternehmen	Frauenanteil		
		Gesamtfirma	Managerinnen[1]	Hochschulabsolventen[2]
1	Landesbank Berlin	68 %	49 %	45 %
2	Tengelmann	78 %	45 %	30 %
3	Landesgirokasse Stuttgart	60 %	26 %	7 %
4	Provinzialversicherungen	45 %	25 %	53 %
5	DEVK-Versicherungen	54 %	20 %	50 %
6	Landeskreditanstalt Baden-Württemberg	56 %	19 %	38 %
7	Quelle	60 %	18 %	35 %
8	Hypobank	55 %	18 %	45 %
9	Deutsche Post	49 %	17 %	30 %
10	VIAG	45 %	15 - 20 %	38 %
11	Bahlsen	60 %	15 %	45 %
11	Lufthansa	60 %	15 %	25 %
13	Commerzbank	52 %	14 %	43 %
13	Lausitzer Braunkohle	23 %	14 %	k. E.[3]
15	Hamburger Sparkasse	56 %	12 %	33 %
15	Kraft Jacobs Suchard	27 %	12 %	40 %

[1] in den drei Managementebenen
[2] bei Neueinstellungen in den letzten drei Jahren
[3] keine Einstellungen
Quelle: Bischoff zit. in: http://focus.de/D/DB/DBQ/DBQA/dbqaa.htm

Bei Analyse der Tabelle muss allerdings beachtet werden, sich nicht von einem hohen Anteil von Frauen im Management täuschen zu lassen. Es muss der jeweilige Prozentsatz mit dem Anteil weiblicher Mitarbeiter im gesamten Unternehmen verglichen werden. Ein Beispiel: Bei der Landesbank Berlin überrascht ein Frauenanteil von 49 % im Management nicht sonderlich, da immerhin mehr als zwei Drittel aller Angestellten weiblichen Geschlechts sind. Ganz im Gegensatz zur Lausitzer Braunkohle: Obwohl gerade einmal jede vierte Beschäftigte eine Frau ist, liegt der Frauenanteil innerhalb der Führungspositionen bei respektablen 14 %.

An dieser Stelle soll generell darauf hingewiesen werden, dass alle in dieser Arbeit verwendeten statistischen Daten aus empirischen Untersuchungen stammen, die sich durch die Stichprobe meist nur auf eine kleine Auswahl von (Groß-) Unternehmen beziehen. Würde man also die Forschungen auf alle in Frage kommenden Firmen ausdehnen, ist sicherlich mit ungünstigeren Ergebnissen zu rechnen, da dann die Zahlen auch Klein- und Mittelbetriebe einbeziehen, wo der Anteil von weiblichen Führungskräften weitaus geringer ist.

In Verbindung mit diesen Ausführungen sei auch auf das Kapitel 6.2.3 über die Förderprogramme einiger der hier genannten Unternehmen hingewiesen.

3.3 EXKURS: Die Entwicklung der Berufstätigkeit der Frauen in der DDR und Ostdeutschland

3.3.1 Einleitung

Einen Blick auf die Situation berufstätiger Frauen in der DDR zu richten, ist aus mehreren Gründen von Interesse, unter anderem deshalb, weil sich die Frage stellt, ob eine unterschiedliche Situation auf dem Arbeitsmarkt und eine unterschiedliche politische Einstellung zur Frauenerwerbstätigkeit Auswirkungen auf die Aufstiegsmöglichkeiten weiblicher Erwerbspersonen hat.

Da es sich in diesem Zusammenhang um einen Exkurs handelt, kann hier nur ein zusammenfassender Überblick zu dieser Problematik geliefert werden. Im Mittelpunkt der vorhandenen Bücher stand weniger das Thema 'Frauen in Führungspositionen', sondern vor allem die Ausbildung und Berufstätigkeit der Frauen in der DDR. Um einen Eindruck von der Frauenbildung und Frauenarbeit einschließlich der Situation der Frauen in Leitungsfunktionen in Ostdeutschland zu bekommen, sind die folgenden Darstellungen jedoch ausreichend. Soweit es die in sehr beschränktem Umfang verfügbare Literatur zulässt, soll nicht nur die Situation der letzten Jahre der DDR erfasst werden, sondern ebenso ein Blick in die zurückliegende Zeit vorgenommen wie bereits neuere Entwicklungen in einzelnen Bereichen berücksichtigt werden. Die Datenlage in der DDR zwang dazu, bei wichtigen Bereichen zum Teil auch alte statistische Materialien heranzuziehen (z. B. Daten der Volks- und Berufszählung 1981), da seitdem keine Erhebungen mehr zu diesen Sachverhalten durchgeführt wurden. Im Interesse einer Information wird jedoch nicht darauf verzichtet, solche Daten zu nutzen.

Des weiteren ist zu beachten und wurde aus der Vergangenheit auch deutlich, dass Publikationen aus der DDR mit großer Vorsicht zu behandeln und interpretieren sind. Ebenso kann das Zahlenmaterial hier nur übernommen werden, ohne der Vollständigkeit und Richtigkeit sicher zu sein. Bei der Bearbeitung ist außerdem die unterschiedliche Wortwahl in der ost- und westdeutschen Literatur zu diesem Thema aufgefallen, z. B. Leitungsposition (Ost) & Führungsposition (West), Berufstätigkeit (Ost) & Erwerbstätigkeit (West) sowie Hoch- und Fachschulkader (Ost) & Hoch- und Fachschulabsolventen (West), was sicher kulturell und geschichtlich zu erklären ist.

3.3.2 Studium, Bildung und Qualifikation

In diesem Zusammenhang ist anzumerken, dass zum Thema 'Studium', im Gegensatz zur westdeutschen Literatur, keine Ausführungen in Form von Buchkapiteln existieren. Zur Universitäts- und Hochschulausbildung werden immer nur beiläufige Informationen genannt, zur Berufsausbildung und Qualifikation sind die Darstellungen dagegen um so ausführlicher. Diese Tatsache kann ganz einfach mit einem Ausspruch aus der sozialistischen Literatur erklärt werden: *„Den bedeutendsten Platz ... nehmen die Frauen der Arbeiterklasse ein."* (Scholze, 1987, S. 7)

Insgesamt ist, vor allem seit Beginn der 1970er Jahre, eine deutliche Veränderung der Qualifikationsstruktur der Frauen eingetreten. Die Darstellung muss sich dabei vor allem auf die Qualifikationsstruktur der Berufstätigen begrenzen, da Angaben für die Gesamtheit der Wohnbevölkerung nur über Volkszählungen (letzte Volkszählung der DDR 1981) möglich sind. Der Vergleich von Volkszählungsergebnissen und den Veränderungen in der Qualifikationsstruktur der Berufstätigen lässt folgende Tendenzen erkennen:

♦ Das Niveau der allgemeinen und beruflichen Bildung ist vor allem bis Mitte der 1980er Jahre ständig gestiegen. Das galt für alle allgemeinen und beruflichen Bildungsabschlüsse, für Männer und Frauen, für alle Territorien (Bezirke) und im wesentlichen für alle Altersgruppen. Durch diesen Prozess wurden Unterschiede in der Bildungs- und Qualifikationsstruktur zwischen Männern und Frauen und zwischen städtischen und ländlichen Territorien ständig verringert.

♦ Vor allem die 1970er Jahre sind durch eine beachtliche extensive Entwicklung des wissenschaftlichen Kaderpotentials (im Sinne von Hoch- und Fachschulabsolventen) gekennzeichnet.

♦ Die Wachstumsrate war bei den Qualifikationsabschlüssen 'Meister' und 'Facharbeiter' deutlich geringer als bei anderen, höheren Bildungsabschlüssen.

♦ Der Anteil der Personen, die keinen vollen Berufsabschluss erwerben, tendiert nicht, wie lange angenommen, gegen Null. Diese Kategorie weist ein beachtliches „Beharrungsvermögen" auf: auch in den jüngeren Altersgruppen, die das einheitliche Bildungssystem durchliefen, beträgt er noch 10 %. (vgl. Lötsch, Falconere, 1990)

Folgende Tabelle verdeutlicht die Veränderung der Qualifikationsstruktur der Berufstätigen seit den 1970er Jahren.

Tabelle 14: Wohnbevölkerung ab 14 Jahre und Berufstätige nach höchstem Allgemein- bzw. Berufsbildungsabschluss (in Prozent)

	Wohnbevölkerung ab 14 Jahre		Berufstätige in der staatlichen und genossenschaftlichen Wirtschaft			
	31.12.1981		Oktober 1971		Oktober 1989	
	männlich	weiblich	männlich	weiblich	männlich	weiblich
Hochschulabschluss	7,3	3,3	6,0	2,4	9,6	6,7
Fachschulabschluss	9,1	9,8	9,0	5,7	9,9	18,5
Meisterabschluss	7,3	0,8	} 56,7	} 41,1	7,0	1,2
Facharbeiterabschluss	51,5	41,8			62,7	58,5
Teilausbildung	3,2	3,2	5,0	6,4	3,8	2,9
ohne Abschluss	21,6	41,1	23,3	44,4	7,1	12,3

Quelle: Lötsch, Falconere, 1990, S. 38

Die Qualifikationsstruktur der Berufstätigen hebt sich positiv von der Qualifikationsstruktur der Wohnbevölkerung ab, weil die älteren, tendenziell niedriger qualifizierten, Jahrgänge nicht in die Grundgesamtheit eingehen. Die oben aufgeführte Tabelle widerspiegelt vor allem die Veränderungen in der Qualifikationsstruktur der Frauen sehr deutlich. Das zeigt sich vorrangig in dem großen Rückgang weiblicher Berufstätiger ohne abgeschlossene Berufsausbildung, aber auch im kontinuierlich steigenden Anteil weiblicher Berufstätiger mit Hochschulabschluss, auch wenn die Frauen bei den Berufstätigen mit Hochschulabschluss noch unterdurchschnittliche und bei den Berufstätigen ohne abgeschlossene Berufsausbildung noch überdurchschnittliche Anteile haben.

Diese allgemeinen Grundtendenzen galten natürlich auch für die Entwicklung der Qualifikationsstruktur der Frauen. Soziale Unterschiede, die mit Bildung und Qualifikation zusammenhängen, waren in der Vergangenheit zugleich soziale Unterschiede nach dem Geschlecht; die niedrigere Qualifikation der Frauen war Charakteristikum der alten Teilung der Arbeit. Die Differenzierung in der Qualifikationsstruktur nach dem Geschlecht konnte auch in der DDR nicht vollständig überwunden werden, obwohl die Gleichstellung immer gern als gegeben verkündet wurde. Diese Ungleichheit zeigt sich insbesondere im höheren Anteil der Frauen gegenüber den Männern, die keinen beruflichen Abschluss haben.

Hinsichtlich der Qualifikationsabschlüsse kommt es ebenfalls zu einer gewissen Geschlechtsspezifik, weil frauentypische (bzw. männertypische) Tätigkeiten mit bestimmten Ausbildungen und den entsprechenden Abschlüssen verbunden sind. Der Fachschulabschluss wurde ein frauentypischer Qualifikationsabschluss, weil Ausbildungen für mittleres medizinisches und pädagogisches Personal Fachschulausbildungen waren. Der Meisterabschluss hingegen blieb ein männertypischer Qualifikationsabschluss. Anders als bei der (Berufs-) Ausbildung in Westdeutschland sah man hier jedoch in der geschlechtsabhängigen Verteilung auf bestimmte Berufe und Studiengänge keinen Anlass zur Kritik, denn *„der Maßstab kann nicht eine Gleichverteilung der Geschlechter in der Qualifikationsstufe sein."* (Lötsch, Falconere, 1990, S. 40)

Seit 1970 sind in den Abiturklassen mehr als 50 % Schülerinnen, d.h. die Hochschulreife über den Hauptbildungsweg erwarben mehrheitlich Mädchen. Damit stiegen auch Zahl und Anteil der weiblichen Studierenden beträchtlich an.

Tabelle 15: Weibliche Studierende an Universitäten und Hochschulen *

Jahr	weibliche Studierende insgesamt	Anteil der weiblichen Studierenden an der Gesamtzahl der Studierenden in %
1960	25.213	25,2
1965	28.099	26,1
1970	50.689	35,4
1975	65.976	48,2
1980	63.266	48,7
1985	65.079	50,1
1986	66.228	50,3
1987	66.560	50,2
1988	65.152	49,2
1989	63.728	48,6

* ohne Forschungsstudium und ausländische Studierende

Quelle: Lötsch, Falconere, 1990, S. 42

Hervorzuheben ist an dieser Stelle der deutliche Unterschied zwischen dem Anteil der Studentinnen an den Hochschulen in den alten und in den neuen Bundesländern. Wie oben dargestellt, betrug dieser Anteil 1972 in der BRD 30,2 %. In der DDR waren 1970 bereits 35,4 % und 1975 fast die Hälfte (48,2 %) aller Studierenden weiblich. Dies ist sicherlich auch ein Beweis dafür, dass ostdeutsche Frauen oft übergangslos von der Schule zur Universität gewechselt und vordergründig an ihre (Aus-) Bildung gedacht haben, denn die Familienplanung ließ sich aufgrund der sehr guten Kinderbetreuungseinrichtungen im Prinzip zu jeder Zeit realisieren.

Die geschlechtsspezifische Verteilung des Arbeitsvermögens, die differenzierten unterschiedlichen Anforderungen an Bildung und Qualifikation in weiblichen und männlichen Arbeitstätigkeiten finden ihren Ausgangspunkt bereits in der spezifischen Berufsorientierung und Berufswahl von Mädchen und Frauen. Untersuchungen für den Zeitraum 1982 bis 1987 zeigen, dass jährlich jeweils über 1.000 weibliche Schulabgänger in rund 16 bis 28 Facharbeiterberufen aufgenommen wurden. Der Mädchenanteil liegt in diesen Berufen (z. B. Fachverkäuferln, Facharbeiterln für Schreibtechnik = Sekretärin) bei durchschnittlich 85 %. Insgesamt erhielten jährlich mehr als 60 % der weiblichen Schulabgänger in diesen Facharbeiterberufen eine Ausbildung. Dagegen betrug der Mädchenanteil an den Lehrlingen in rund 48 Facharbeiterberufen, wie Klempner, Installateur und Schlosser, nur zwischen 1 und 15 %. (vgl. Lötsch, Falconere, 1990)

Vergleichend kann also festgestellt werden, dass in der DDR eine ähnliche Entwicklung wie in den alten Bundesländern bezüglich der Geschlechterkonzentration bei der Fächerwahl zu verzeichnen war. Folgende Gründe wurden für diese einseitige Verteilung genannt:

♦ Eine repräsentative Analyse von Lehrstellenverzeichnissen ergab, dass in der vorgesehenen Verteilungsstruktur nach dem Geschlecht Mädchen nach wie vor überwiegend in solche Facharbeiterberufe „geplant" wurden, die bereits einen hohen Frauenanteil aufwiesen (z. B. Berufe des nichtproduzierenden Bereiches). Währenddessen wurden für Facharbeiterberufe mit relativ niedrigem bzw. rückläufigem weiblichen Anteil in den Lehrstellenverzeichnissen nur sehr vereinzelt Lehrstellen für Mädchen vorgesehen (z. B. Elektronikfacharbeiter).

♦ Zusätzlich wurde das Berufswahlfeld von Mädchen durch oft ungesetzliche Praktiken von Betrieben und Kombinaten eingeschränkt. Ausgehend von ihren betrieblichen Interessen versuchte eine Reihe von ihnen, den Anteil weiblicher Aufnahmen zu reduzieren und dafür Jungen einzustellen. Hohe Ausfallquoten der Frauen (zum Teil bedingt durch umfangreiche sozialpolitische Maßnahmen für Mütter), hohe Fluktuationsraten der Frauen, geringe technische Interessiert- und Motiviertheit, teilweise fehlende soziale Bedingungen in den Betrieben sowie zum Teil vorherrschende schwere körperliche Arbeit gaben die Betriebe als Hauptgründe für diese Praktiken an.

♦ Des weiteren war auch eine Technologiepolitik und -anwendung charakteristisch, die die qualitative Verbesserung der Arbeitstätigkeiten vieler Werktätigengruppen und die schrittweise Überwindung der geschlechtsspezifischen Verteilung des Arbeitsvermögens nicht anvisierte. (vgl. Lötsch, Falconere, 1990, S. 48 ff.)

Auch in den Zulassungen zum Fachschulstudium ist eine geschlechtsspezifische Fächerwahl deutlich ausgeprägt, denn 96 % aller zugelassenen Fachschüler nach der 10. Klasse in medizinischen, pädagogischen und künstlerischen Fachrichtungen waren Mädchen. Der Frauenanteil im Fachschuldirektstudium stieg von 50, 1 % im Jahre 1971 auf 70,3 % im Jahre 1989. (vgl. ebenda)

Der Anteil von Frauen an den Zulassungen zum Hochschulstudium war ebenfalls äußerst differenziert. Untersuchungen zeigen, dass Frauen in fast allen Wissenschaftsbereichen und Fachrichtungsgruppen vertreten sind. Auf die technischen Wissenschaften trifft dies jedoch nur mit Einschränkungen zu, da nach Meinung der ostdeutschen Literatur der Frauenanteil in den Fachrichtungsgruppen Elektronik/Elektrotechnik und Maschinenwesen relativ gering war. Setzt man die Prozentzahlen jedoch ins Verhältnis und vergleicht sie mit denen Westdeutschlands aus dem Wintersemester 1985/86 (siehe Kapitel 3.1.2.3.1), war der Anteil der ostdeutschen Studentinnen in den technischen Fächern ziemlich hoch, denn 1989 war im technischen Studienbereich jeder vierte Studierende weiblich.

Insgesamt zeigen die Strukturen in den Hoch- und Fachschulberufen Ähnlichkeiten mit der Situation bei den Facharbeiterberufen besonders hinsichtlich traditioneller Konzentrationen der Mädchen und Frauen in bestimmten Berufen auf.

Abbildung 12: Weibliche Studierende an Universitäten und Hochschulen nach Wissenschaftszweigen *

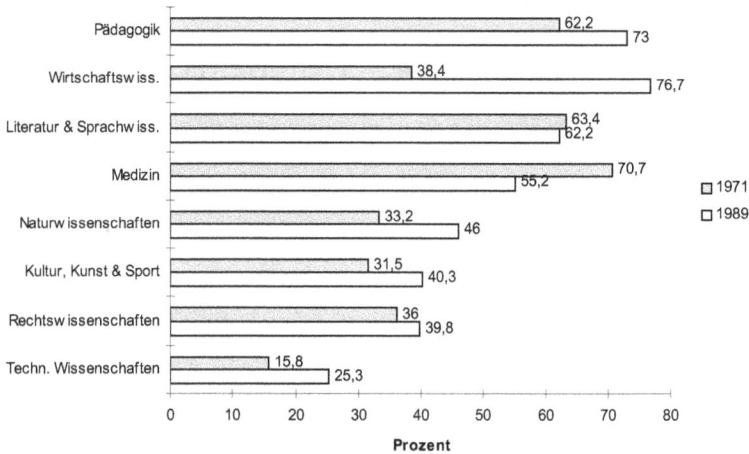

* ohne Forschungsstudium und ausländische Studierende

Quelle: Lötsch, Falconere, 1990, S. 47 (eigene Darstellung)

Zusammenfassend kann festgehalten werden, dass in den beruflichen Absichten und Wünschen, Interessen und Neigungen deutliche geschlechtstypische Unterschiede bestanden. Wie verschiedene Forschungen nachweisen, reproduzierten sich diese unter den vorhandenen Bedingungen einer geschlechtsspezifischen Arbeitsteilung in der Wirtschaft und in der Gesellschaft sowie rollenspezifischer Erziehungsmuster, Traditionen, Gewohnheiten, Normen und Wertorientierungen. Das führte zu einer verstärkten Konzentration der Berufswünsche der Mädchen und Frauen auf nur einige Berufe und Studienrichtungen. Hierdurch entstanden in Facharbeiter-, Fach- und Hochschulberufen Disproportionen zwischen den Wünschen und dem gesellschaftlichen Bedarf.

3.3.3 Berufstätigkeit und Mutterschaft

Die Frauenerwerbstätigkeit in der DDR ist vor allem durch folgende soziale Tatbestände charakterisiert:

♦ Es bestand eine in vielfältigen Ursachen und Motivationen begründete, auch im internationalen Vergleich außerordentlich hohe Erwerbsquote bei Frauen.

♦ Die Erwerbstätigkeit der Frauen konzentrierte sich auf spezifische Bereiche und Tätigkeiten. Es sind eine deutliche geschlechtstypische Prägung der Beschäftigtenstrukturen, ungleiche Entwicklungsmöglichkeiten, Rechte und Chancen im Beruf feststellbar.

♦ Die Felder der Frauenerwerbstätigkeit waren vom Anspruchsniveau her differenziert. Es überwog der Einsatz in einfacheren, anspruchsloseren Tätigkeiten mit hohem Routinegehalt, geringen Handlungsspielräumen und Entscheidungsbefugnissen sowie niedrigerer Entlohnung. Das galt auch bei der Anwendung moderner Technologien.

♦ Frauenerwerbstätigkeit wies die größte Vielzahl von Zeitmustern auf. Dazu gehört sowohl Teilzeitarbeit (als einzige soziale Gruppe) als auch Schichtarbeit.

♦ Die genannten Faktoren bewirkten mit unterschiedlichem Gewicht eine sichtliche Differenzierung im Einkommen zwischen weiblichen und männlichen Erwerbstätigen.

♦ Die bisherigen gesetzlichen Bestimmungen haben einerseits zu einer deutlichen Begrenzung der Anzahl durch Arbeitsbedingungen und -inhalte exponierter Frauen geführt. Andererseits zeigten sich auch hier Differenzierungen und eine nach wie vor beachtliche Quote an exponierten Frauenarbeitsplätzen. (vgl. Miethe et al., 1990)

Auch in der DDR lässt sich eine geschlechtsspezifische Trennung der Erwerbstätigkeit feststellen, wenn auch die Konzentration der Frauen auf bestimmte Berufe (im Handel und Dienstleistungsbereich) und die geschlechtsspezifische Typisierung vieler Berufe wesentlich geringer ausgeprägt sind, als dies in der BRD der Fall ist.

Der hohe Anteil von Frauenarbeit an der Erwerbstätigkeit, einschließlich der Beschäftigung von Müttern mit Kindern (auch allein erziehend) gehört im internationalen Vergleich zur Spezifik der DDR-Entwicklung. Im September 1989 waren von den rund 8,5 Mio. ständig Berufstätigen 4,2 Mio. Frauen (48,8 %). (ebenda, S. 62)

Bei rückläufiger Bevölkerungszahl und rückläufigem Anteil der weiblichen Bevölkerung an der Bevölkerung insgesamt, ist die Anzahl weiblicher Erwerbstätiger im Verlauf der Entwicklung permanent gewachsen:

Tabelle 16: Entwicklung der weiblichen Bevölkerung im arbeitsfähigen Alter und der weiblichen Erwerbstätigkeit

Jahr	weibliche Erwerbstätige in 1000	Anteil der weiblichen Erwerbstätigkeit an der weiblichen Bevölkerung in %
1955	3.244	52,5
1970	3.312	66,1
1980	3.848	73,2
1989	3.962	78,1

Quelle: vgl. Miethe et al., 1990, S. 63

Bezieht man die Lehrlinge und Studentinnen mit ein, so betrug der Beschäftigungsgrad der Frauen im Jahre 1989 91,2 %.

Zur Vereinbarung von Frauenerwerbstätigkeit und Kindern sollen an dieser Stelle noch einige ausführlichere Anmerkungen gemacht werden. Vor den Frauen in der DDR standen stets die Aufgabe und das Bemühen, Berufstätigkeit und Mutterschaft bzw. familiäre Aufgaben miteinander zu verbinden. Charakteristisch war in den 1980er Jahren nicht nur eine 91%ige Berufstätigkeit, sondern gleichermaßen, dass über 90 % aller Frauen in ihrem Leben mindestens ein Kind zur Welt gebracht haben. In dieser Verbindung einer fast hundertprozentigen Berufstätigkeits- und Mütterrate bestand die DDR-Spezifik der Frauenerwerbsarbeit: Berufstätigkeit und Kindererziehung waren für Frauen mehrheitlich keine Alternative, sondern mussten miteinander vereinbart werden. Dafür gab es jedoch folgende erleichternde Voraussetzungen:

♦ spezielle arbeitsgesetzliche Regelungen zur Gestaltung von Arbeitsrechtsverhältnissen;

- eine fast hundertprozentige Bedarfsdeckung an staatlichen und betrieblichen Einrichtungen zur Betreuung und Erziehung der Kinder (Kinderkrippen, Kindergärten, Schulhorte);

- bezahlte Freistellungen für Kindererziehung und -betreuung sowie verkürzte Arbeitszeit für berufstätige Mütter ohne Lohnminderung;

- Möglichkeiten der Familienplanung, insbesondere der kostenlosen Schwangerschaftsverhütung und des unentgeltlichen Schwangerschaftsabbruchs. (vgl. Miethe et al., 1990)

Die Motive der Frauen zur Berufstätigkeit haben sich seit den 50er Jahren zum Teil grundlegend verändert. Verstanden sich z. B. verheiratete Frauen anfangs vor allem als „Zweitverdiener" der Familie, so hat die Berufstätigkeit zunehmend einen eigenständigen Wert erhalten. Nicht zuletzt auch aufgrund des gestiegenen Qualifikationsniveaus hat sich bei Frauen fast aller Altersgruppen ein allgemeines Bedürfnis nach Erwerbstätigkeit entwickelt. Längst nicht mehr ist sie für die Mehrheit der Frauen auf finanzielle Motive begrenzt, sondern bedeutet ihnen wesentlich auch Selbstbestätigung und Selbstverwirklichung.

Charakteristisch für Frauen in der DDR waren ihre fast durchgängige Berufstätigkeit sowie ein relativ niedriges Durchschnittsalter von 22,5 Jahren beim erstgeborenen Kind. Nicht wenige Frauen, insgesamt 12 % aller Studentinnen, bekamen ihre Kinder bereits in der Phase der beruflichen Ausbildung. Frauen unterbrachen ihre Berufstätigkeit infolge der Geburt ihrer Kinder nicht für einen langen, zusammenhängenden Zeitraum, sondern in kürzeren Einzelabständen. Fast alle Frauen, die Kinder geboren haben, kehrten spätestens nach einem Jahr bezahlter Freistellung in das Berufsleben zurück.

Naturgemäß bewältigen Frauen die Anforderungen in Beruf und Familie mit unterschiedlichem Erfolg. Während Mutterschaft und andere Familienpflichten für eine normale berufliche Tätigkeit im allgemeinen kein Hindernis darstellten, ließen sie einen qualifikationsgerechten Einsatz, berufliche Spitzenleistungen, Leitungstätigkeit und andere berufliche Aufstiegschancen nur mit großen Einschränkungen zu. Aufgrund des langen Arbeitstages (8 ¾ Stunden), des sehr hohen Aufwandes an Hausarbeit und anderen notwendigen Tätigkeiten sowie der ungleichen Verteilung der

Familienpflichten auf Männer und Frauen hat sich der Doppelanspruch der Frau an Beruf und Familie zur Doppelbelastung entwickelt. Wesentlich mehr Mütter als Väter sind in ihrer Berufstätigkeit artfremd oder nicht qualifikationsgerecht eingesetzt. Da für berufstätige Mütter die räumliche Nähe zwischen Wohnung, Kindertagesstätte und Arbeitsplatz besonders wichtig ist, nehmen viele Frauen, wenn sie dafür kürzere Arbeitswegezeiten gewinnen, eine Tätigkeit in Kauf, für die sie nicht ausgebildet sind oder die unterhalb ihrer eigentlichen Qualifikationsstufe liegt. (vgl. Miethe et al., 1990)

Obwohl zunehmend mehr Väter bereit sind, sich an Hausarbeit und Kindererziehung zu beteiligen, konnte, was das Babyjahr oder die bezahlte Freistellung zur Pflege kranker Kinder betrifft, kein entscheidender Durchbruch zur Entlastung berufstätiger Frauen von Familienverantwortung erreicht werden. Dem standen vor allem ein immer noch sehr traditionelles Verständnis über die Rolle von Mann und Frau im Beruf und innerhalb der Familie, das unterschiedliche berufliche Einkommen von Männern und Frauen und damit unterschiedliche Lohn- und Gehaltseinbußen bei Arbeitsausfall sowie die sehr unvollkommenen Möglichkeiten der bezahlten Arbeitsbefreiung der Kindererziehung für Männer bzw. Väter entgegen. Erst Mitte der 1980er Jahre wurde die Gültigkeit einiger sozialpolitischer Maßnahmen auf Ehemänner und Großmütter erweitert, doch Anfang 1990 waren die verkürzte wöchentliche Arbeitszeit ohne Lohnminderung, der bezahlte monatliche Hausarbeitstag sowie Teilzeitarbeit gesetzlich nur für Frauen zugelassen. So haben einige sozialpolitische Maßnahmen der vergangenen Jahre, die auf eine bessere Vereinbarung von Berufstätigkeit und Mutterschaft zielten, die traditionelle Bindung der Frau an die Familie und die damit verbundene Benachteiligung im Beruf nicht unmaßgeblich verfestigt. (vgl. ebenda)

3.3.4 Frauen in Leitungspositionen...

3.3.4.1 ...in der DDR

Gleichberechtigung drückt sich auch darin aus, wie Frauen an der Leitung in der Wirtschaft und im Staat beteiligt sind. Obwohl sich die Aufstiegschancen im Beruf mit steigendem Qualifikationsniveau erhöhen, waren Frauen in leitenden Positionen, im Beruf wie innerhalb der Politik, in der DDR stets unterrepräsentiert. In keinem anderen Bereich der Erwerbstätigkeit war die soziale Benachteiligung der Frau so groß wie in der Leitungstätigkeit. Frauen besaßen kaum Chancen, in Spitzenpositionen vorzurücken, einflussreiche Ämter und Bereiche mit Machteinfluss blieben ihnen fast völlig verschlossen. Insgesamt entspricht der Anteil der Frauen in Leitungspositionen und anderen verantwortlichen Funktionen nicht annähernd der vorhandenen Breite des Potentials qualifizierter Frauen mit Hoch- und Fachschulabschluss.

In der beruflichen Sphäre war der Anteil von Frauen in Führungspositionen dort am höchsten, wo von der Tradition her, die meisten Frauen beschäftigt sind. Im Bildungs- und Gesundheitswesen sowie im Handel waren fast zwei Drittel des Leitungspersonals Frauen. In der Leichtindustrie sowie im Dienstleistungsbereich bewegte sich der Anteil der Frauen in Leitungspositionen zwischen 40 und 50 %, im Post- und Fernmeldewesen sogar darüber. Im Verkehrswesen war jede vierte, in der Industrie und Landwirtschaft jede fünfte Leitungsposition durch eine Frau besetzt (vgl. Miethe et al., 1990), wobei sich diese Zahlen auf die mittlere und höhere Führungsebene, nicht aber auf Spitzenfunktionen beziehen. Denn in diesen Positionen war, bei genauerer und differenzierter Betrachtung, nur ein verschwindend geringer Prozentsatz - der leider nirgends benannt wurde - von Frauen zu finden. (vgl. Casper, 1990, S. 59 f.) Weniger in Leitungspositionen vorgedrungen sind Frauen dagegen in der Wissenschaft, im Bauwesen und in einzelnen Industriezweigen.

Tabelle 17: Frauen in leitenden Funktionen 1988 *

Wirtschaftsbereich	Anteil der Frauen in leitenden Funktionen am Leitungspersonal insgesamt in %
volkseigene Wirtschaft insgesamt	31,5
Industrie insgesamt	21,0
Bauwesen	11,2
Verkehrswesen	21,5
Post- und Fernmeldewesen	41,7
Handel und Versorgung	62,0

* differenziert nach Wirtschaftsbereichen

Quelle: (vgl. Miethe et al., 1990, S. 95)

Im Bereich der Wissenschaft z. B. waren fast die Hälfte des wissenschaftlichen Fachpersonals Frauen, an keiner wissenschaftlichen Einrichtung jedoch lag der

Frauenanteil an Dozenten, Professoren oder Leitern größerer Struktureinheiten wesentlich über 15 %. Im gesamten Bereich des Hochschulwesens betrug der Anteil der Frauen auf den obersten Leitungsebenen (Rektoren, Prorektoren, Sektionsdirektoren) kaum 3 % und entsprach in keiner Weise dem Anteil weiblicher Wissenschaftler, der für eine solche Funktion wesentliche Qualifikationsvoraussetzungen besaß. (vgl. Miethe et al., 1990)

Verallgemeinernd lässt sich feststellen, dass sich die Bedingungen für Frauen, eine Leitungstätigkeit auszuüben, insgesamt sehr widersprüchlich entwickelt haben. Einerseits wurden juristische Grundlagen dafür relativ frühzeitig in den 50er Jahren geschaffen. Auch die allmähliche Reduzierung wesentlicher Unterschiede im Bildungs- und Qualifikationsniveau sowie das wachsende Anspruchsniveau der Frauen an die Berufsarbeit schufen günstige Voraussetzungen für die Beteiligung der Frauen an Leitungsprozessen. Andererseits standen die ungleiche Beanspruchung von Männern und Frauen in der Familie, Chancenungleichheit für die Leistungsentwicklung im Beruf sowie erhebliche Vorurteile gegenüber der weiblichen Leistungsfähigkeit dem beruflichen Aufstieg von Frauen entgegen. Nicht selten wurden Entscheidungen über den beruflichen Einsatz vorrangig nach der Familiensituation und weniger nach den beruflichen Leistungen getroffen.

Abschließend kann zu dieser Thematik also festgehalten werden: Die DDR hatte den Frauen die volle Gleichberechtigung innerhalb des Systems versprochen. Die Frauenfrage wurde zum Maßstab für Fortschritt und Sozialismus. Die Frauen waren wichtig, sie sollten helfen, die neue Gesellschaft aufzubauen. Gemeinsam erreichten DDR-Bürger und -Bürgerinnen die weltweit höchste Frauenerwerbsquote, nämlich 91 %. Dass Frauen dabei nur mitzuhelfen hatten, dass sie oft nur in diejenigen Erwerbsbereiche vorrücken konnten, die von den Männern freigemacht wurden, und dass auch für sie die Karriereleiter häufig schon frühzeitig abbrach, wurde nur allzu gern in den Hintergrund gedrängt und gab keinen Anlass zur Diskussion. Dennoch muss der relativ hohe Anteil von Frauen in Leitungspositionen positiv erwähnt bleiben. (vgl. Rommelspacher, 1995)

3.3.4.2 ...in den neuen Bundesländern

Wie durch obige Ausführungen bereits erkennbar, sieht das Verhältnis bei Frauen in Führungspositionen in Ostdeutschland günstiger aus als in Westdeutschland, wobei auch die ostdeutschen Frauen vorwiegend auf der mittleren und weniger auf der höheren Leitungsebene tätig sind. In der niedrigsten Einstufung als Bürokraft oder angelernte Arbeiterin befinden sich 26 % der Frauen.

Folgende Tabelle zeigt den Anteil der erwerbstätigen Frauen und Männer nach ihrer Stellung im Beruf und im Betrieb im Verhältnis zueinander.

Tabelle 18: Anteil von Frauen und Männern in Führungspositionen 1995 (nur Ostdeutschland)

	Frauen	Männer
mittlere Führungsebene	45,7 %	54,3 %
höhere Führungsebene	34,0 %	66,0 %

Quelle: vgl. Statistisches Bundesamt, 1998, S. 60 - 61 (eigene Bearbeitung)

3.3.5 Vergleichende Betrachtung von Gesamtdeutschland

Zum besseren Verständnis soll an dieser Stelle noch einmal zusammenfassend die Situation von Frauen in Führungspositionen in Gesamtdeutschland dargestellt werden.

Bei einer Betriebsbefragung im Juli 1996 sind in 71 % der Unternehmen Frauen in Führungspositionen beschäftigt. Frauen in solch exponierten Positionen sind in 50% der befragten Kleinbetriebe (1 - 49 Beschäftigte), jedoch nur in 34 % der Großbetriebe (500 und mehr Beschäftigte) anzutreffen. Am häufigsten sind weibliche Führungskräfte in Handelsbetrieben (91 %) und allgemein im Dienstleistungsbereich (79 %) vertreten. Das „Schlusslicht" bildet die Industrie mit 31 %. Durch immerhin 16 Prozentpunkte unterscheiden sich die in Ostdeutschland gelegenen Betriebe von den westdeutschen Unternehmen in der Besetzung solcher Stellen.

Ein deutlicher Unterschied von 11 Prozentpunkten besteht in der Häufigkeit weiblicher Führungskräfte zwischen ost- und westdeutschen Betrieben: In den neuen Bundesländern beschäftigten 79 % der befragten Unternehmen, in den alten Bundesländern 68 % weibliche Führungskräfte. In der Beschäftigung weiblicher Führungskräfte unterscheiden sich auch die Kleinbetriebe (1 - 49 Beschäftigte) ganz erheblich von den Mittel- (50 - 499 Beschäftigte) und Großbetrieben (500 Beschäftigte und mehr); während 58 % der Kleinbetriebe Frauen mit Führungspositionen betraut haben, sind es bei den Mittelbetrieben 74% und bei den Großbetrieben 78 %. (vgl. Statistisches Bundesamt, 1998, S. 62)

Für Gesamtdeutschland stellt abschließend folgende Tabelle die Anteile der erwerbstätigen Frauen und Männer in Führungspositionen im Verhältnis zueinander dar:

Tabelle 19: Anteil von Frauen und Männern in Führungsposition 1995 (Deutschland)

	Frauen	Männer
mittlere Führungsebene	35 %	65 %
höhere Führungsebene	22 %	78 %

Quelle: vgl. Statistisches Bundesamt, 1998, S. 60 - 61 (eigene Bearbeitung)

3.4 Schlussfolgerung

Die vorangestellten Ausführungen in Verbindung mit den Informationen zur Situation der Frauen in West- und Gesamtdeutschland lassen folgende Schlussfolgerungen zu:

Obwohl in der DDR eine fast hundertprozentige Berufstätigkeitsrate bestand und ein höheres Qualifikationsniveau als bei den westdeutschen Frauen existierte sowie alle materiellen Voraussetzungen für die Vereinbarkeit von Beruf und Familie durch Kinderbetreuungseinrichtungen gegeben waren, die eine verstärkte Tätigkeit im Erwerbsleben ermöglichten, waren sie dennoch in Leitungsfunktionen unterrepräsentiert. Das heißt, dass hier die unterschiedlichen Ausgangspositionen von Frauen in Ost- und Westdeutschland nicht zwangsläufig auch unterschiedliche Ergebnisse hervorrufen, denn weibliche Führungskräfte sind trotz allem in Ostdeutschland in der Minderheit, auch wenn der prozentuale Anteil von ihnen höher war bzw. ist als in Westdeutschland. Nebenbei kann in diesem Zusammenhang die Tatsache festgehalten werden, dass die gesamtdeutschen Zahlen zur Situation der Frauen in Führungspositionen von dem höheren, ostdeutschen Anteil profitieren.

Die Gründe für diese Unterrepräsentation liegen also woanders und sind sicher in den bereits mehrfach diskutierten Karrierehindernissen, den Veränderungswiderständen auf Seiten der Männer und der Unternehmen, dem fehlenden Vertrauen in die Führungsfähigkeiten der Frauen und in der Tatsache zu sehen, dass das Management und mit ihm die Leitungspositionen seither eine Männerdomäne war und man(n) diesen Zustand auch so beibehalten will. An dieser Stelle sollen die Ursachen jedoch nur genannt werden, denn ausführlichere Erklärungen und Analysen zu dieser Thematik können den Kapiteln 3.2.2 ff. entnommen werden.

Ein weiterer, nicht zu unterschätzender Grund für die geringere Anzahl von Frauen in Leitungspositionen in der DDR war sicherlich auch der Umstand, dass für eine derartige Tätigkeit die Parteizugehörigkeit Voraussetzung war. Und aus den Statistiken der DDR geht hervor, dass der Anteil der Männer in der SED wesentlich höher war als der der Frauen. (vgl. Scholze, 1987)

4 VERGLEICH VON FRAUEN IN FÜHRUNGSPOSITIONEN: USA-BRD

4.1 Problemstellung

Die meisten Untersuchungen über Frauen im Management wurden bis heute in den USA durchgeführt, wobei dabei wenig Aufmerksamkeit der Entwicklung in anderen Ländern entgegengebracht wurde. Die europäische Literatur zu diesem Thema bezieht dagegen häufig vergleichende Beobachtungen aus anderen Ländern in ihre Ausführungen ein, um von den Erfahrungen und Resultaten der anderen lernen zu können.

Ein interkultureller Vergleich ist aus verschiedenen Gründen notwendig und hilfreich. International vergleichende Analysen liefern zum Beispiel Sozialwissenschaftlern Daten für ihre Hypothesen, die sie dann an ähnlichen Phänomenen, die unter anderen Bedingungen entstanden sind, testen, verfeinern und generalisieren können. Die Studien helfen, vereinfachende Erklärungen und ethnologische Voreingenommenheit zu vermeiden. Außerdem ist das Management inzwischen zu einer internationalen Beschäftigung bzw. Profession geworden: Die Unternehmen schicken ihre Manager ins Ausland, und diejenigen, die in ihrem Land bleiben, müssen oft mit ausländischen Führungskräften zusammenarbeiten. Ihrem kulturellen und gesellschaftlichen Hintergrund entsprechend entwickelten sie ihre Einstellung gegenüber Frauen in Führungspositionen, die mit den Ansichten in dem fremden Land häufig nicht übereinstimmen. (vgl. Berthoin Antal, Izraeli, 1993, S. 56)

Wissenschaftler mit Erfahrungen in der internationalen Forschung sind sehr skeptisch gegenüber der Validität und Reliabilität der Daten für einen interkulturellen Vergleich. Insbesondere im Managementbereich ist bei der Übernahme von Fakten aus anderen Ländern Vorsicht geboten. Denn eine für alle Länder geltende Definition bezüglich der Aufgaben und der Verantwortungsmenge eines Managers wurde bis heute noch nicht allgemeingültig festgelegt. (vgl. ebenda)

Die Daten, die für interkulturelle Vergleiche herangezogen werden, sollten deshalb auf ihre Herkunft kontrolliert werden. Oft stammen sie aus Forschungen, die international verallgemeinerte Kategorien nutzten und keine nationalen Unterschiede einbezogen oder von Unternehmen und Organisationen der jeweiligen Länder, die weder eine unabhängige Validität noch Kriterien für eine interkulturelle Vergleichbarkeit berücksichtigten.

Studien zum interkulturellen Management sensibilisieren seit Jahren für kultur- bzw. länderspezifische soziale Normen. Unterschiede in wirtschaftlichen, rechtlichen und soziokulturellen Gegebenheiten in den verschiedenen Kulturkreisen prägen auch Einstellungen über adäquates Verhalten von Frauen und Männern. (vgl. Hadler, 1995, S. 62)

Bei dem hier angestrebten Vergleich von amerikanischen und deutschen Frauen in Führungspositionen müssen deshalb enge Grenzen gesetzt werden, da in den beiden Ländern keine gleichen Untersuchungsbedingungen bezüglich Kultur, Organisation, Gesellschaft und Wirtschaft geschaffen werden können. Trotzdem wird oft in bundesdeutschen Abhandlungen auf US-amerikanische Literatur verwiesen, deren empirische Untersuchungsergebnisse auf bundesdeutsche Verhältnisse aus dem genannten Grund nicht ohne Einschränkungen übertragbar sind.

Obwohl Deutschland und die USA zu den stärksten Industrienationen der Welt gehören und offensichtlich auch eine Vielzahl von Gemeinsamkeiten aufweisen, können zahlreiche Unterschiede u. a. im gesellschaftlichen Leben aufgeführt werden, die einen Einfluss auf berufliche Möglichkeiten von Frauen haben (z. B. engagierte Frauenverbände und Netzwerke in den USA) und die Einstellungen zur Berufstätigkeit der Frau beeinflussen. Dazu führte HÖLLINGER (1991) eine Studie durch und stellte fest, dass die Befragten in Deutschland der Erwerbstätigkeit von Müttern mit Klein- und Schulkindern eher skeptisch gegenüberstehen. Die Amerikaner vertreten am seltensten die Meinung, dass die Kinder und das Familienleben unter der Berufstätigkeit der Frau leiden. (vgl. Höllinger, 1991, S. 760)

Die Unterschiede beziehen sich aber auch auf die oben genannte Abgrenzung von Hierarchieebenen und deren Managementaufgaben. Die unterschiedliche Strukturierung in US-amerikanischen und deutschen Unternehmen hat verschiedene Einteilungen der Managementebenen zur Folge, was einen Vergleich erschwert bzw. stark einschränkt.

Eine Auseinandersetzung mit dem kulturellen Einfluss auf die Statistiken in Deutschland und den USA würde den Rahmen dieser Arbeit sprengen. Deshalb werden ausgewählte und als bedeutsam erachtete Gemeinsamkeiten und Unterschiede gegenübergestellt, wobei die dargestellte Problemstellung berücksichtigt und die Argumentation auf die begrenzte Vergleichbarkeit gerichtet wird.

4.2 Geschichte und Bestandsaufnahme

Bis Ende der 1970er Jahre wurde die An- bzw. Abwesenheit von Managerinnen inklusive der damit verbundenen Problematik fast in der ganzen Welt ignoriert. Wie HO (1984) treffend formulierte: *„Statistics show that women represent one third of the world's workforce, do two-thirds of the world's working hours, but they earn only one tenth of the world's income and own one hundredth of the world's goods ... they hold less than one percent of the world's executive positions"* (Ho zit. in: Berthoin Antal, Izraeli, 1993, S. 52)

Außer in den USA, die zu dieser Zeit bereits eine umfassende theoretische und praxisorientierte wissenschaftliche Auseinandersetzung mit der Thematik 'Frauen im Management' lieferte (z. B. Kanter, 1977; Hennig/Jardim, 1977), zollten die anderen Länder, u. a. Deutschland, der fehlenden Präsenz von Frauen in verantwortungsvollen Positionen bis in die 1980er keine Aufmerksamkeit. Fast zehn Jahre später begannen die ersten empirischen Untersuchungen von weiblichen Führungskräften in Deutschland (z. B. Bischoff, 1986).

Der Grund für diese zeitliche Verzögerung könnte möglicherweise in der Wahrnehmung der Problematik liegen. Zu Beginn der 1970er waren in Deutschland und den USA in etwa gleich viel Frauen erwerbstätig (ca. 35-37 %), wobei sich der prozentuale Anteil von Frauen in Führungspositionen in dieser Zeit bereits um 4 % unterschied (1970: BRD - 13,5 %; 1972: USA - 17,7 %). (vgl. ILO Yearbook of Labor Statistics, 1973, 1974 zit. in: Berthoin Antal, Izraeli, 1993, S. 54f.)

Den Frauen wurde in beiden Ländern während der Kriege aufgrund des männlichen Arbeitskräftemangels der Eintritt in die Erwerbstätigkeit geebnet. Die traditionelle Rollenverteilung blieb jedoch erhalten. Die Priorität der berufstätigen Frau sollte die Erledigung ihrer Haushalts- und Familienpflichten sein. Doch in den USA begannen die Frauen noch vor dem Ersten Weltkrieg in Eigeninitiative mit der Gründung von Organisationen, die die Interessen von berufstätigen und karriereorientierten Frauen unterstützten und vertraten (z. B. 1911 *Intercollegiate Bureau of Occupation*). Die amerikanischen Frauen- und Bürgerrechtsorganisationen richteten die vorherrschende Ungerechtigkeit in Form von Geschlechts- und Rassendiskriminierungen in das Licht der Öffentlichkeit. Ihr auf die Regierung ausgeübter Druck bewirkte Reformen und Gesetze für eine Gleichbehandlung in den 1960er und Anfang der 1970er.

Obwohl in der deutschen Verfassung schon 1949 die 'Gleichheit vor dem Gesetz' (Art. 3) festgelegt wurde, sah die Politik bis 1980 keinen zusätzlichen Handlungsbedarf, um Frauen durch weitere Bestimmungen den Weg in Führungspositionen zu erleichtern. Das Resultat ist einerseits am prozentualen Anteil von weiblichen Führungskräften und andererseits an den bis 1980 durchgeführten bzw. nicht durchgeführten Forschungen in den beiden Ländern zu erkennen.

Mitte der 1980er waren in den USA mit 37,1 % (1986) fast doppelt so viel Frauen in Führungspositionen wie in Deutschland mit 20 % (1984). (vgl. ILO Yearbook of Labor Statistics, 1986, 1987 zit. in: Berthoin Antal, Izraeli, 1993, S. 54f.) Erst zu diesem Zeitpunkt wurde in Deutschland dieser Sachverhalt bewusst bemerkt und die ersten Untersuchungen diesbezüglich möglich. Oberflächlich betrachtet sind die Frauen in den USA denen in Deutschland ca. 15 Jahre voraus.

Bei der Bearbeitung dieses Vergleiches wird schnell ersichtlich, dass die einzelnen Hierarchieebenen nicht vergleichbar sind. So werden beispielsweise auf der höheren Ebene in Deutschland alle DirektorInnen, Vorstandsmitglieder, GeschäftsführerInnen, AbteilungsleiterInnen, ProkuristInnen und AmtsleiterInnen gezählt, wobei in den USA zwischen den Positionen erneut differenziert wird (*CEOs, board* Mitglieder, Positionen mit den höchsten Titeln). Geht man davon aus, dass die Aufgaben des *boards* mit denen des Vorstandes oder Aufsichtsrates vergleichbar sind, so kann folgende Gegenüberstellung vorgenommen werden: Im Jahre 1991 hielten Frauen in deutschen Aufsichtsräten einen Anteil von 4,7 % und in deutschen Vorständen von 0,5 %. (vgl. Hadler, 1995, S. 50) In den USA waren 1993 bereits 8,3 % der *board directors* Frauen.

Daten, die nicht von einer Organisation sondern von mehreren voneinander unabhängig arbeitenden Stellen stammen, lassen eigentlich eine Gegenüberstellung nicht zu. Deshalb wurde bei der folgenden Tabelle auf das Jahr 1992 zurückgegriffen, da die angegebenen Daten dem Jahrbuch des *International Labour Office* entstammen und dadurch eine größere Validität und Reliabilität angenommen wird.

Tabelle 20: Frauenanteil an der Erwerbstätigkeit und an allen Managementpositionen

	Deutschland	USA
Frauenanteil an der Erwerbstätigkeit 1992	38,9 %	41,9 %
Frauenanteil an allen Managementpositionen 1992	17,9 %	40,6 %

Quelle: ILO Yearbook of Labour Statistics, 1992 in: o. V.: Unequal race to the top in: World of Work, 1993, S. 6 (eigene Darstellung)

Bei der Vergabe von Führungspositionen nahmen die USA (40,6 %) im Jahr 1992 hinter Australien (40,9 %) die zweite Stelle in der Welt ein. Deutschland (17,9 %) rangierte auf dem zehnten Platz. (vgl. ILO Yearbook of Labour Statistics, 1992 zit. in: o. V., 1993: Unequal race to the top, S. 6) Die Gründe für die extreme Differenz könnten in der verschiedenen geschichtlichen Entwicklung und in dem unterschiedlich starken politischen Engagement der Frauen in den beiden Ländern liegen.

4.3 Bildung

Sowohl in Deutschland als auch in den USA ist eine solide Ausbildung die Voraussetzung für eine berufliche Karriere. Deshalb soll kurz auf die entsprechenden Möglichkeiten in den beiden Ländern eingegangen werden.

In Deutschland wurden nach dem internationalen Jahr der Frauen 1975 zahlreiche Gesetze, Bestimmungen und Erklärungen zugunsten der schulischen Chancengleichheit und des gleichberechtigten Zugangs zu allen Bildungsgängen erlassen. 1990 waren 40,5 % (vgl. Bundesministerium für Familie, Senioren, Frauen und Jugend, 1995, S. 99) der deutschen Hochschulplätze an Frauen vergeben worden. Vergleicht man dazu den in demselben Jahr festgestellten Anteil der Frauen an amerikanischen Hochschulen in Höhe von 54,5 % (vgl. ebenda, S. 100), so kann vermutet werden, dass das Interesse der Amerikanerinnen an einer soliden Ausbildung mit

Karriereaussichten stärker ausgeprägt ist. Schon 1920 nutzten eine Vielzahl von weißen Frauen die höheren Bildungsmöglichkeiten und hielten 47,3 % der Collegeplätze. (vgl. Alpern, 1993, S. 27)

Die unterschiedlichen Bildungsmöglichkeiten in den beiden Ländern nehmen sicherlich Einfluss auf die Karriereplanung der Frauen. So erhalten sie in Deutschland die Chance, mit drei verschiedenen Schulabschlüssen (Hauptschul-, Realschulabschluss und Abitur) im dualen System eine Berufsausbildung zu beginnen, die ebenfalls ein Sprungbrett für eine Karriere in das mittlere Management sein könnte.

In den Vereinigten Staaten gibt es teilweise sehr hohe Studiengebühren, im Gegensatz zu Deutschland. Demzufolge konnte schon häufig beobachtet werden, dass amerikanische Studierende ein größeres Interesse am Lehrstoff haben, denn sie sehen das Studium als Investition in ihre Karriere. Das deutsche Problem von Langzeitstudenten tritt in den USA nicht auf.

Vergleichbare Daten bezüglich Fächerwahl und Karriereaussichten nach dem Studium liegen nicht vor. Hier wird jedoch die Meinung vertreten, dass sich die Studienwahlentscheidung von Amerikanerinnen und deutschen Frauen ähnelt. Einerseits weil die Frauen in beiden Ländern mit Frauenberufen zu kämpfen haben und andererseits weil beispielsweise in den USA Frauen drei Viertel der Führungspositionen im medizinischen Bereich halten und in Deutschland ebenfalls das Medizinstudium an dritter Stelle bei der Studienwahl steht.

4.4 Hindernisse

Mit der englischen Besiedlung im 17. Jahrhundert erreichte auch Nordamerika durch seine neuen Bewohner die geschlechtliche Rollenverteilung. Wie den Europäerinnen blieb auch den Immigrantinnen die entlohnte Arbeit verwehrt. Ihre Stellung in der Familie sollte sie ausfüllen und zufrieden stellen. Dieser Entwicklung sind sicherlich in Amerika die Geschlechterrollenstereotype, Klischees und Vorurteile gegenüber Frauen im Allgemeinen und in Führungspositionen zu verdanken, die in Europa über Jahrhunderte entstanden sind.

Kulturell unabhängig haben Frauen auf der ganzen Welt mit diesen Problemen zu kämpfen. Die daraus resultierenden Hindernisse für Frauen bei ihrer Karriereentwicklung wurden bereits ausführlich in dieser Arbeit erläutert und treffen auf beide Länder gleichermaßen zu.

An dieser Stelle soll jedoch darauf eingegangen werden, dass ein in Deutschland proklamiertes Hindernis in den USA nicht in diesem Umfang als ein solches bezeichnet werden kann. In Deutschland werden Frauen im gebärfähigen Alter, das von den für die Personalauswahl zuständigen Verantwortlichen individuell eingeschätzt wird, mit Vorurteilen und Skepsis betrachtet. Einerseits erhalten die deutschen Frauen (aber auch die Männer) nach der Geburt eines Kindes den Anspruch auf Erziehungsurlaub bis zu drei Jahren und könnten bei Inanspruchnahme für eine bestimmte Zeit (bis zu drei Jahren) ausfallen. Andererseits steigt dadurch das Risiko für das Unternehmen, dass die Mitarbeiterin aufgrund ihrer neuen Pflichten gegenüber der Familie gänzlich ausscheidet. Oft wird aus diesen Gründen, ob bewusst oder unbewusst, gegen die Förderung von Frauen und Investition in ihr Potential entschieden.

Frauen in amerikanischen Unternehmen mit über 50 Mitarbeitern erhalten höchstens drei Monate unbezahlte Babypause, wenn sie länger als ein Jahr in diesem Unternehmen tätig waren. Die US-amerikanische Familienpolitik ist auf Selbstverantwortung und Autonomie ausgerichtet, denn es werden kaum staatliche Hilfen bei der Kinderbetreuung und -erziehung bereitgestellt. Aber das vorhandene Schulsystem mit Ganztagsschulen trägt maßgeblich zu einer Verbindung von Erwerbstätigkeit und Kindererziehung bei. (vgl. Hadler, 1995, S. 64) Das Ausfallrisiko ist einerseits so unberechenbar wie in Deutschland, wenn die Frau nach der Geburt ihres Kindes das Familienleben vorzieht. Andererseits wird eine Vielzahl der Frauen, ihre errungenen Positionen nicht leichtfertig aufgeben, weil sowohl die finanzielle Absicherung als auch das Selbstwertgefühl mit ihrer Arbeit verbunden sind. Die Schwierigkeit Familie und Beruf zu vereinbaren besteht in Amerika ebenso wie in Deutschland. Die Unternehmen in beiden Ländern versuchen in Programmen Lösungen anzubieten. (siehe Kapitel 6.1.4)

5 FÜHRUNGSVERHALTEN

Mitte der 1970er Jahre wurden eine Vielzahl von zumeist von Männern geschriebene Büchern veröffentlicht, in denen Frauen empfohlen wurde, sich männliche Verhaltensweisen anzueignen, um im Beruf Erfolg zu haben. Da keines der Bücher davon ausging, dass Frauen im Grunde auch Führungspersönlichkeiten sind und nach ihren eigenen Wertvorstellungen ein Unternehmen prägen oder Menschen führen können, wurden ihre Führungsmethoden, wenn sie als Frauen handelten, auch nicht untersucht. (vgl. Helgesen, 1992) Seitdem hat sich der prozentuale Anteil von Frauen in Führungspositionen erhöht, so dass zahlreiche Studien über das „geschlechtsspezifische Führungsverhalten" durchgeführt werden konnten. Ob sich die weibliche Führung der männlichen angepasst bzw. von der männlichen unterscheidet, soll in diesem Kapitel dargelegt werden.

5.1 Merkmale & Charaktereigenschaften von Führungsfrauen

Die Gesamtleistung einer Person in einer Führungsposition wird nicht nur von Persönlichkeitsfaktoren sondern gleichzeitig auch von Faktoren wie z. B. Erfahrung, Training, Ausbildung, kognitive Fähigkeiten etc. beeinflusst. Trotzdem werden den Persönlichkeitsmerkmalen in der neuen Managementliteratur (u. a. Domsch, Regnet, 1990) ein hoher Stellenwert eingeräumt. Für die Messung relevanter Eignungsmerkmale von Führungskräften wurden Instrumente, wie z. B. der 'Deutsche CPI-Test', entwickelt, mit dem die folgenden Schlussfolgerungen getroffen werden konnten.

Mehrere Pilotstudien mit Führungsfrauen und -männern (Alter ca. 35-40 Jahre) haben gezeigt, dass bei 15 der untersuchten 22 Persönlichkeitseigenschaften keine signifikanten Unterschiede weder zwischen den Geschlechtern noch innerhalb eines Geschlechts auftraten. Bei weiblichen Führungskräften scheint es sich weniger um eine Anpassung an die Männer zu handeln, sondern eher um gleiche bzw. sich ähnelnde Eigenschaften, Werte und Zielsetzungen der beiden Geschlechter. Deutliche Unterschiede wurden in diesen Gruppenvergleichen nur bei den nachstehenden Items registriert, die sich laut dem CPI-Test in die angegebenen konkreten Charaktereigenschaften, Wertvorstellungen und Orientierungen der Geschlechter niederschlagen sollen:

♦ Erfolgspotential:

Die höheren Skalenwerte der Frauen lassen Ehrgeiz, Breite und Vielfalt von Interessen, Flexibilität und Selbstvertrauen erkennen, wobei die niedrigeren Werte der Männer auf eine Abneigung gegenüber Konkurrenzsituationen, Gefühle des Unbehagens in gesellschaftlichen Situationen und Teilnahmslosigkeit schließen lassen. (In den folgenden Untersuchungen zum Führungsverhalten von Männern wird deutlich werden, dass diese durchaus gerne in Konkurrenz mit ihren Gesprächspartnern treten.)

♦ Mitgefühl

Die höheren Werte der Frauen legen Optimismus nahe, Einfühlsamkeit, Einsicht in und Aufmerksamkeit gegenüber sozialen Nuancen, Sympathie und Führungspotential. Die Daten der Männer deuten auf Schwierigkeiten im Verstehen dessen, was andere denken und fühlen, auf konservative ethische Werte und auf Unbehagen in komplexen und unvorhersehbaren sozialen Situationen.

♦ Soziale Anpassung

Die Angaben der Frauen deuten auf gewissenhaftes, pflichtbewusstes, gut strukturiertes, die Regeln beachtendes Verhalten, jedoch (bei sehr hohen Werten) auch auf die Möglichkeit der „Überkonformität" bzw. der zu starken (sozialen) Anpassung, wobei die der Männer auf Eigensinnigkeit, Unberechenbarkeit, Unzuverlässigkeit, Launenhaftigkeit und bekämpfende oder rebellische, aufrührerische Einstellungen hinweisen.

♦ Toleranz

Die Daten der Frauen deuten auf eine zulassende, erlaubende, akzeptierende (nicht beurteilende) Einstellung gegenüber den Meinungen und Werten anderer hin, auch wenn diese im Widerspruch zu den eigenen stehen. Die niedrigeren Werte der Männer lassen auf die Tendenz schließen, intolerant und misstrauisch gegenüber dem zu sein, was andere sagen und tun.

♦ Leistung durch Unabhängigkeit

Die höheren Skalenwerte der Frauen werden in Verbindung gebracht mit dem inneren Drang nach Leistung. Diese Personen sind gewöhnlich klar denkend, intelligent und unabhängig. Die niedrigeren Werte der Männer deuten auf Personen, die dazu neigen, wenige bzw. enge Interessen zu haben, leicht davon entmutigt zu sein, ihr Bestes zu geben und wenig bzw. schlecht motiviert für erzieherische und berufliche Angelegenheiten zu sein.

♦ Rationalität

Die bei Frauen festgestellten höheren Werte werden in Verbindung gebracht mit zwischenmenschlicher Wärme, Sympathie für andere und Großzügigkeit, aber auch Verletzlichkeit durch Stress, Abhängigkeit und fehlendem Selbstvertrauen, wobei die Daten der Männer mit Selbstvertrauen, Unabhängigkeit und einer starken Befähigung, mit Stress und Konflikt umzugehen, verbunden werden, aber auch mit Starrsinn, Hartnäckigkeit und Gleichgültigkeit gegenüber den Gefühlen anderer.

♦ Arbeitsorientierung

Die Messungen bei Frauen lassen auf eine verlässliche verantwortungsvolle Person schließen, die überlegt, stabil und gut strukturiert ist, die aber weniger charakterisiert ist von besonderen intellektuellen Fähigkeiten und Spontaneität, wobei die der Männer auf Unbeständigkeit in ihrem Verhalten und ihren Einstellungen deuten. Diese Personen passen sich nicht gut an, sind schlecht strukturiert und unter Stress desorganisiert und besitzen schwache Ich-Verteidigungsmechanismen. (vgl. Weinert, 1990, S. 48ff.)

Es wird deutlich, dass sich einige Messungen speziell bei den Männern widersprechen: Trotz ihren schwachen Ich-Verteidigungsmechanismen (Arbeitsorientierung) und ihrer Abneigung gegenüber Konkurrenzsituationen (Erfolgspotential) sollen sie laut den Skalenwerten stark befähigt sein, mit Stress und Konflikt umzugehen (Rationalität). Bei der Beschreibung des weiblichen Führungsverhaltens im Vergleich zu dem männlichen können weitere Divergenzen auftreten.

Das Ergebnis zeigt aber einerseits den Trend auf, dass sich die Führungseinstellung und das -potential zwischen den beiden Geschlechtern zumindest ähnlich sind (aufgrund der 15 Übereinstimmungen) und andererseits, dass die hier dargelegten Unterschiede sich nur auf den sozialen Bereich beziehen.

An dieser Stelle soll erwähnt werden, dass sich Frauen, die führen von den „Frauen im allgemeinen" unterscheiden. Die CPI-Forschung hat wiederholt belegt, dass sich Führungsfrauen insbesondere an den so genannten „zwischenpersönlichen Skalen" (Dominanz, Erfolgspotential, Geselligkeit, Soziales Auftreten, Selbstbejahung und Eigenständigkeit), im Leistungsbereich und an den Berufsskalen (Rationalität, Intuition, Managementpotential und Arbeitsorganisationen) von den „Frauen im allgemeinen" abheben. (vgl. Weinert, 1990, S. 55) Es wird deutlich, dass bei der Hälfte der Items die beiden Frauentypen entgegengesetzte Skalenwerte hervorriefen. Damit kann möglicherweise auch bewiesen werden, dass die allgemein bestehenden Vorurteile, wenn sie auch noch zum Teil auf „Frauen im allgemeinen" zutreffen, von den Einstellungen und Verhaltensweisen der Führungsfrauen weit entfernt sind.

Geschlechtsspezifische Unterschiede im Führungs- und Leistungsverhalten entsprechen also eher kulturbedingten Geschlechterrollenstereotypen und bequemen Wunschvorstellungen als der Realität. Managementtalent bzw. Führungserfolg hängen neben den rein fachlichen bzw. handwerklichen Fähigkeiten vielmehr von einer Reihe von über unterschiedliche Situationen hinweg stabilen Persönlichkeitsmerkmalen ab, die sowohl bei Frauen als auch bei Männern gleichermaßen vorliegen. (vgl. Weinert, 1990, S. 56) Es bedeutet also keineswegs, dass Frauen, die nicht führen, auch nicht führen können. Andererseits wäre das Argument, dass Frauen ein größerer Zugang zu Führungspositionen ermöglicht werden muss, weil dort ein Mangel an kompetenten Männern herrscht, unter Berücksichtigung der Forschungsergebnisse widerlegt.

Es ist schwer nachvollziehbar, warum die Managementliteratur auf die Ermittlung von geschlechtsspezifischen Persönlichkeitsmerkmalen einen solchen Wert legt. Denn es gibt sowohl erfolgreiche Manager als auch Managerinnen, die bewiesen haben, dass sie in der Lage sind, ihr Führungsaufgaben wenn auch zum Teil auf verschiedene Art und Weise zu erfüllen. Persönlichkeit ist die Gesamtheit aller Wesenszüge eines Menschen und differiert deshalb auch unabhängig von der Biologie von Mensch zu Mensch. Werden Messungen durchgeführt, die geschlechtsspezifische Persönlichkeitsmerkmale ermitteln sollen, werden Methoden genutzt, die durch Fragestellungen und subjektive Beobachtungen gegebenenfalls die erwarteten Ergebnisse bestätigen. Die Frage bleibt, ob jemals ein Verfahren gefunden wird, das möglicherweise existierende geschlechtsspezifische Persönlichkeitsunterschiede widerspruchsfrei ermitteln und nachweisen kann. Die tatsächliche Notwendigkeit dieser Forschung sei grundsätzlich dahingestellt.

Inwieweit sich die durch den CPI-Test festgestellten Unterschiede und Ähnlichkeiten im Führungsverhalten widerspiegeln, wird nachfolgend beschrieben.

5.2 Wie Frauen führen

Die Meinungen über die Unterschiede im Führungsverhalten von Männern und Frauen gehen auseinander. Einerseits propagiert die Literatur, dass die beiden Geschlechter extrem verschiedene Führungsstile verwenden, wobei dabei die Daten eher auf praktische Erfahrungen der Autoren und auf eine begrenzte Anzahl von Interviews mit Managern beruhen. Der männliche Stil wird dabei als konkurrenzfähig, kontrollierend, unemotional, analytisch und hierarchisch bezeichnet. Frauen sind dagegen eher teamorientiert und kooperativ.

Die von Sozialwissenschaftlern durchgeführten Studien beziehen sich auf eine kleine Auswahl von Forschungsartikeln und kommen anderseits zu der Schlussfolgerung, dass keine beträchtlichen Führungsunterschiede zwischen den Geschlechtern bestehen. (vgl. Colwill, 1995, S. 32)

Auf der Basis dieser Kontroverse haben EAGLY und JOHNSON eine Analyse von insgesamt 370 vergleichenden Studien aus der Literatur durchgeführt. Darunter waren 289 Organisationsuntersuchungen, in denen die Führungskräfte in ihrem gewohnten Arbeitsumfeld beobachtet wurden, 56 Assessment Center, in denen ManagerInnen mit einem inszenierten Führungskräftealltag konfrontiert wurden und 25 Laboruntersuchungen, in denen eine „künstliche" Gruppensituation im psychologischen Versuchslabors hergestellt wurde. Die Gruppenmitglieder sind einander fremd, besitzen kaum Vorinformationen voneinander (Qualifikation, Persönlichkeit, Herkunft usw.) und treffen sich nur für eine kurze Zeitspanne. EAGLY und JOHNSON konnten folgendes schlussfolgern:

♦ In 92 % aller Untersuchungen wurden den Frauen durch ihre größere soziale Kompetenz und ihrer zwischenmenschliche Beziehungsorientierung ein eher demokratischer oder partizipativer Stil bescheinigt. Männer führen eher autokratisch oder direktiv.

♦ In den Assessment-Center- und Laboruntersuchungen wurde zusätzlich überein-stimmend festgestellt, dass Männer stärker aufgabenorientiert handeln und ihre Aktivitäten besser im Interesse der Aufgabenrealisation organisieren können als Frauen, die eher beziehungsorientiert agieren. In Organisationsstudien sind dage-gen keine Unterschiede bezüglich der Beziehungsorientierung aufgetreten. (vgl. Eagly, Johnson zit. in: Colwill, 1995, S. 32 f.)

Es scheint, als gäbe es geschlechtsspezifische Unterschiede im Führungsstil bezüg-lich der Aufgaben- und Beziehungsorientierung, die teilweise im Einklang mit den Stereotypen und den populären Managementbüchern stehen. Trotzdem muss darauf hingewiesen werden, dass nur bei Labor- und Assessment-Center-Untersuchungen und weniger bei richtigen Organisationen mit realen Managern Gegensätze zwischen den Geschlechtern festgestellt werden konnten. Die Unterschiede im Führungsver-halten von Männern und Frauen lassen sich also eher auf das Untersuchungsdesign zurückführen. (vgl. Dobbins, Platz zit. in: Autenrieth et al., 1993, S. 38) Vergleicht man die Studien zum Führungsstil mit den Ergebnissen des 'CPI-Tests', so wird deutlich, dass sich bei den Frauen ihre sozialen Persönlichkeitsmerkmale im Füh-rungsverhalten widerspiegeln.

In diesem Teil der Arbeit soll nun spezieller auf das in der Literatur dargestellte typi-sche weibliche Führungsverhalten näher eingegangen werden, indem sich direkt auf Studien bezogen wird.

Das viel zitierte Buch 'Frauen führen anders', in dem HELGESEN die Ergebnisse ihrer Terminkalenderstudie von vier erfolgreichen Managerinnen in den Vereinigten Staaten festhielt, sollte dazu beitragen, *„ein konkretes, empirisch fundiertes Bild von den verschiedenen Methoden zu zeichnen, mit denen Männer und Frauen die vielfäl-tigen Aufgaben einer Managementtätigkeit angehen."* (Helgesen, 1992, S. 32)
Die beobachteten weiblichen Führungskräfte eigneten sich nicht die Spielregeln der Männer in der Geschäftswelt an, sondern setzten ihre eigenen Stärken ein. Sie hat-ten Erfolg, indem sie andere unterstützten und anleiteten, eine offene Informations-politik betrieben, zur Partizipation einluden und ganz allgemein günstige Vorausset-

zungen für ein positives, kollegiales Arbeitsklima schufen. HELGESEN beschreibt, dass die Mutterschaft *„immer mehr als eine exzellente Schule für Führungskräfte angesehen (wird), da in beiden Bereichen oftmals die gleichen Fertigkeiten erforderlich sind: Organisationstalent, rationelle Arbeitsplanung, die Abwägung zwischen widerstreitenden Ansprüchen; die Fähigkeit, anderen etwas beizubringen, sie anzuleiten und zu beaufsichtigen sowie unvorhergesehene Zwischenfälle zu meistern und Informationen weiterzugeben.“* (Helgesen, 1992, S. 43)

Schon zu Beginn ihrer Untersuchung stellte sie fest, wie sehr Frauen die hierarchische Pyramide als Unternehmensstruktur ablehnten. Weibliche Führungskräfte, sagt sie, *„sehen sich lieber mittendrin im Unternehmen anstatt ganz oben, denn die Spitze ist für sie gleichbedeutend mit Einsamkeit und Isolation.“*

ROSENER, Professorin an der *University of California*, hat männliche und weibliche Führungskräfte mit vergleichbaren Aufgaben, vergleichbarer Ausbildung und ähnlichem Alter untersucht und veröffentlichte ihre Schlussfolgerungen im *Harvard Business Review*: (November/December 1990, Number 4, S. 119-125)
Sie stellte wie HELGESEN fest, dass weibliche Führungskräfte versuchen, die individuellen Interessen und Bedürfnisse der Mitarbeiter zu berücksichtigen, aber diese wiederum gleich für die Unternehmensziele zu nutzen. Die von ROSENER untersuchten Managerinnen bezogen Mitarbeiter in die Entscheidungsfindung ein, teilten Macht und Information, förderten das Selbstwertgefühl der Mitarbeiter und begeisterten andere für ihre Arbeit. ROSENER vermutet, dass ihnen aufgrund ihres bevorzugten partizipativen Führungsstils die Zusammenarbeit mit Menschen, die nicht „kommandiert" werden wollen, besser gelingt. (vgl. Rosener zit. in: Aburdene, Naisbitt, 1993)

ABURDENE/NAISBITT haben sich ausführlich mit den Ergebnissen von HELGESEN und ROSENER auseinandergesetzt und kreierten aus ihren Erkenntnissen einen „weiblichen Führungsstil", dessen Merkmale sie in der folgenden Tabelle zusammenfassten und dem „traditionellen Führungsstil" gegenüberstellten.

Tabelle 21: Der weibliche Führungsstil und seine Merkmale

Traditionelles Management	weiblicher Führungsstil
Selbstachtung der Mitarbeiter stärken	
Management	Führung
Sanktion	Belohnung
Verlangt „Respekt"	Freie Meinungsäußerung
Kasernenhofmethoden	Motivation
Setzt Grenzen	Bestärkt Mitarbeiter
Fordert Disziplin	Weiß Kreativität zu schätzen
„Folgendes ist zu tun"	Was ist das Beste für die Mitarbeiter
Geschäftsergebnisse	Vision
Unternehmensstrukturen	
Kontrolle	Veränderung
Rang	Verbindungen
Hierarchie	Netz
Starr	Flexibel
Automatische jährliche Gehaltserhöhung	Zahlung nach Leistung
Leistungsbeurteilung	Vertrag über vereinbarte Ziele
Mechanistisch	Ganzheitlich
Ressortdenken	System
Wissensvermittlung	
Anweisungen erteilen	Fördern
Vorbild Militär	Vorbild Lehren
Fragen	
Weiß alle Antworten	Stellt die richtigen Fragen
Vorbild	
Erteilt Anweisungen	Ist Vorbild
Offenheit	
Hält Mitarbeiter in Habtachstellung	Schafft günstige Entwicklungsbedingungen
Oben/Unter	Horizontal
Informationen kontrollieren	Informationen zugänglich machen

Quelle: Aburdene/Naisbitt, 1993, S. 143

Es kann bei dieser Tabelle leicht der Eindruck entstehen, dass Frauen den Kriterien des „weiblichen Führungsstils" und Männer den des „traditionellen Managements" folgen. Die Ergebnisse der eingangs erläuterten Analyse weisen jedoch keine beträchtlichen Unterschiede zwischen den Geschlechtern auf, bis auf den eher demokratischen bei Frauen bzw. autokratischen Führungsstil bei Männern. Man kann also davon ausgehen, dass ABURDENE und NAISBITT diesen neuen Führungsstil als „weiblich" bezeichnen, weil hier insbesondere soziale Aspekte berücksichtigt wurden wie Beziehungsorientierung und Partizipation, die eher den Frauen zugesprochen werden.

Sie bringen außerdem mit ihrem „weiblichen Führungsstil" das Schlagwort „Empowerment" in Verbindung. Empowerment wird einem Mitarbeiter zuteil, wenn er so viel Selbstvertrauen am Arbeitsplatz entwickeln kann, dass er zu eigenverantwortlichem Handeln fähig ist. Die Vorgesetzten setzen Vertrauen in das Urteilsvermögen ihrer MitarbeiterInnen und unterstützen ihre Entscheidungen. Delegation steht also in engem Zusammenhang mit diesem Begriff. Wenn Empowerment das wichtigste Merkmal des weiblichen Führungsstils ist, dann folgt gleich darauf die Fähigkeit, die dafür notwendigen Unternehmensstrukturen zu schaffen. (vgl. Aburdene, Naisbitt, 1993) - das Netz. Dieses System beschreibt Frances Hesselbein, Geschäftsführende Vorsitzende der Girl Scouts, als kreisförmig, wobei Kreise für sie eine *symbolische Bedeutung haben. Der Kreis ist ein organisches Bild. Wir sprechen ja auch vom Familienkreis. Der Kreis ist allumfassend, ermöglicht aber Fluss und Bewegung; er engt Sie nicht ein!"* (Hesselbein zit. in: Helgesen, 1993, S. 52) Die Führungskraft steht im Zentrum; es gibt *„kein Oben und Unten, sondern nur ein Miteinander."* (Helgesen, 1992, S. 53) Diese Netzwerkstrukturen haben sich laut NAISBITT/ABURDENE bei weiblichen Führungskräften bereits fest etabliert. Sie beziehen sich dabei auf die Vereinigten Staaten. Für Deutschland liegen dagegen noch keine ausführlichen Ergebnisse bezüglich der Verbreitung von Netzstrukturen in von Frauen geführten Unternehmen oder Unternehmensteilen vor. Hier wird jedoch davon ausgegangen, dass sich deutsche Managerinnen überwiegend an die traditionellen Hierarchiestrukturen angepasst haben.

In der deutschen Literatur wird sich häufig auf die Untersuchung von BISCHOFF (1990) bezogen. Ihre Ergebnisse zum Führungsverhalten von Frauen und Männern bestätigen die bereits dargelegten Erkenntnisse.

Aus ihren Interviews wurde ersichtlich, dass männliche und weibliche Führungskräfte ihr Führungsverhalten überwiegend als „kooperativ mit Neigungen zu autoritären Zügen" einschätzen, wobei deutlich andere Schwerpunkte gesetzt werden. Männer heben neben dem kooperativen und autoritären ein zielorientiertes Verhalten hervor, welches die Mitarbeiter zum unternehmerischen Denken und Handeln sowie zur Eigeninitiative befähigen soll. Das Hauptaugenmerk bei den Frauen findet sich in der Teamorientierung, ein Begriff, der mehrfach benutzt wird, um die eigene Position gegenüber den Mitarbeitern darzustellen. Deutliche Unterschiede ließen sich nur da feststellen, wo das eigene Führungsverhalten selbstkritisch gesehen wurde. Männer befürchten eher zu freundlich, zu nachgiebig und Frauen eher zu kalt, zu fordernd, zu autoritär zu sein. Es zeigt sich, dass, wo im Führungsverhalten die weiblichen und männlichen Rollen verlassen werden, gewisse Unsicherheiten auftreten. Selbstkritik wird in Zusammenhang mit der Befürchtung geäußert, die *„Erwartungshaltung gegenüber dem harten, autoritären, männlichen Manager und gegenüber der weichen, nachgiebigen Frau zu enttäuschen."* (Bischoff, 1990, S. 113)

Eingangs wurde bereits festgestellt, dass die meisten Unterschiede im Führungsverhalten zwischen Männern und Frauen bei Laboruntersuchungen ermittelt wurden. FRIEDEL-HOWE (1990), Privatdozentin an der Universität München, hat in ihrer Laboruntersuchung Gegensätzliches zwischen den Geschlechtern bezüglich Sach- und Beziehungsorientierung festgestellt. Ihre Ergebnisse beinhalteten folgende Erkenntnisse: Männer neigen zu einem wettbewerbsorientierten Arbeitsstil, weil sie häufig ihre Gruppenpartner als Konkurrenten behandeln. Bei Konflikten tendieren sie zu einem stärker durchsetzungsorientierten Lösungsverhalten, das durch die Macht- und Statusvorteile des Gruppenführers ermöglicht wird. Sie kommunizieren betont sachlich und emotionslos. Laut des 'CPI-Tests' sind Männer nach ihren Persönlichkeitsmerkmalen gegenüber Konkurrenzsituationen eher abgeneigt (Erfolgspotential), was mit dieser Untersuchung im Widerspruch steht. Es wird deutlich, dass verschiedene Instrumente zur Messung von Einstellungen, Werten und Verhalten nicht immer zu gleichen Ergebnissen kommen und Fragen offen bleiben.

Frauen bevorzugen nach dieser Studie im engeren Sinne einen eher kooperativen Arbeitsstil, sehen sich selbst mehr als Mitglied der Gruppe denn als Individuum. Durch die in weiblichen Arbeitsgruppen vorherrschende Tendenz zur dezentralen

Verteilung der Führungsfunktionen entsteht seltener eine Rangstruktur. Deshalb fällt es den Führungskräften auch leichter, ihren Leistungserfolg mit anderen zu teilen, ohne dass ihr Beitrag dazu ersichtlich wird. Bei Gruppenentscheidungen bzw. Konflikten verfolgen Frauen den Anspruch, Konsensentscheidungen herbeizuführen bzw. tendieren stärker zu ausgleichsorientiertem Lösungsverhalten. Sie wollen vermeiden, dass einzelne Gruppenmitglieder sich übergangen, nicht genügend akzeptiert fühlen und auf die Dauer (innerlich) aus der Gruppe aussteigen. Sie artikulieren deutlich häufiger Gefühle (Ärger, Freude, Ambivalenz usw.)

Außerdem ermittelte FRIEDEL-HOWE in gemischtgeschlechtlichen Arbeitsgruppen generell die Tendenz, dass sich Männer mit ihrem Verhaltensstil besser durchsetzen können als Frauen, da Anpassungsbereitschaft an die Bedürfnisse und Interessen anderer (Beziehungsorientierung) Bestandteil des weiblichen Führungsverhaltens ist. (vgl. Friedel-Howe, 1990, S. 20 ff.) Es ist nur die Frage, ob Durchsetzung unter den heutigen wirtschaftlichen und gesellschaftlichen Gegebenheiten, die effektivste Lösung für ein Problem darstellt. Dieser Ansatz soll im folgenden Punkt näher erläutert werden.

DOBNERS Argumentation über das weibliche Führungsverhalten basiert auf Sozialisationserfahrungen der Frauen, durch die sie gelernt haben, mehr Rücksicht zu nehmen, eigene Bedürfnisse zurückzustellen, zu versuchen, es allen recht zu machen, mehr über Gefühle zu sprechen, Kommunikationsfähigkeiten zu entwickeln und bescheidener zu sein. Sie geht davon aus, dass Führungsfrauen überwiegend soziale Bedürfnisse in den Beruf einbringen. (vgl. Dobner, 1997, S. 31 f.) Diese Auffassung entbehrt jeglicher Grundlage der empirischen Beweisführung. Sicherlich sind die Kommunikations- und Kooperationsfähigkeiten von Frauen in Führungspositionen in der Literatur gelobt und gewünscht, können aber den Männern aufgrund ihrer eigenen Sozialisation nicht vollends abgesprochen werden. Die restlichen von DOBNER festgestellten charakteristischen Merkmale deuten zwar auf das für Frauen typische beziehungsorientierte Führungsverhalten hin, lassen sie jedoch in einem schwachen, Hilfe suchenden und harmoniebedürftigen Licht erscheinen und können auch nicht durch die im CPI-Test festgestellten Persönlichkeitsmerkmale sowie durch andere Untersuchungen in diesem Umfang bestätigt werden.

Eine Studie für das *Center for Values Research* in Dallas ergab, dass Mitarbeiter gegenüber weiblichen Führungskräften mit einer geringen sozialen Kompetenz eine feindlichere und negativere Haltung einnehmen. Aggressive Frauen, die sich an dem Führungsverhalten der Männer orientieren, werden dann eher als „boshaft" wahrgenommen. Man erwartet von den Frauen, dass sie in zwischenmenschlichen Beziehungen kompetenter sind, mit uneindeutigen Verhältnissen zurechtzukommen und verschiedene Anforderungen gleichzeitig zu verbinden. (vgl. Aburdene, Naisbitt, 1993)

Potentiell ergibt sich für die Frau dann ein Verhaltensdilemma, wenn sie beispielsweise für ihre Karriereentwicklung männliche Verhaltensweisen angenommen hat. Sie wird zwar als Arbeitskollegin von den Managern akzeptiert, stößt jedoch auf Akzeptanzbarrieren von Seiten der MitarbeiterInnen aufgrund ihrer geringeren sozialen Kompetenz. Ändert sie ihren Stil - etwa, weil ihr maskulines Verhalten ohnehin nur Ausdruck einer Anpassungsstrategie war -, so kann sie (vielleicht) mit besserer sozialer Akzeptanz (Sympathie, Zugehörigkeit) rechnen, jedoch u. U. um den hohen Preis ihrer Respektierung als Führungskraft. (vgl. Friedel-Howe, 1990, S. 29) Deshalb rät Birgit Breuel, Vorsitzende der Treuhand: *„Frauen müssen Frauen bleiben und ihre spezifischen Fähigkeiten und Möglichkeiten einsetzen. Anpassung ist überall im Leben eine schlechte Methode."* (Breuel zit. in: Pfeifer, Ditko, 1998, S. 106)

Zusammenfassend kann festgestellt werden, dass sich die Geschlechter sowohl in ihren Persönlichkeitsmerkmalen als auch ihrem Führungsstil vielfach ähneln. In den meisten Untersuchungen zum Führungsverhalten von Frauen im Vergleich zu dem von Männern, abgestellt zumeist auf den Führungsstil oder die Akzeptanz bei den MitarbeiterInnen wurde kein geschlechtsspezifischer Unterschied festgestellt. (vgl. Autenrieth et al., 1993, S. 37) Insbesondere bei Laboruntersuchungen konnten Verschiedenheiten ermittelt werden, die letztendlich auf eine Beziehungs- bei Frauen und Aufgabenorientierung bei Männern hindeutete. Es sollte deshalb auch nicht von einem „weiblichen Führungsstil" im Sinne von „so führen nur Frauen" gesprochen werden, wenn sich die Divergenzen nur auf der zwischenmenschlichen Ebene abspielen.

Außerdem ist deutlich geworden, dass bei der Erforschung von geschlechtsspezifischen Unterschieden im Management noch viele Lücken geschlossen werden müssen, von Forschern, die begriffen haben, dass Menschen sich nicht nur aufgrund ihres Geschlechtes, sondern auch aufgrund ihrer Entwicklung und ihren gegenwärtigen Umständen voneinander unterscheiden können. Menschen mit ähnlichen Charaktereigenschaften streben nach vergleichbaren Berufen bzw. Arbeitsplätzen unabhängig von ihrem Geschlecht. (vgl. Colwill, 1995, S. 33) Es wäre erfreulich, wenn Frauen und Männer wegen dieser Ähnlichkeiten eine Gleichbehandlung widerfahren würde. Sowohl der derzeitige Anteil an Frauen in Führungspositionen als auch die dargestellten Hindernisse stehen dem noch entgegen.

5.3 Wirtschaftliche Anforderungen an neue Führungsmethoden

Die ständig steigende ökonomische Unsicherheit und Unübersichtlichkeit, das permanente Streben nach schneller Anpassung an die sich rasch ändernden Märkte und die neuen Technologien, insbesondere im Kommunikationsbereich, erfordert qualifiziertes und engagiertes Personal, das diese Situation bewältigen kann. In der heutigen Zeit, wo sich niemand mehr darauf verlassen kann, alles Wissenswerte in seinem Fachbereich zu beherrschen bzw. lebenslang im gleichen Bereich tätig zu sein, und wo Innovationen und Forschungen die Einstellungen und Ansprüche der Menschen ändern, wird die Aus- und Weiterbildung während der Berufstätigkeit immer wichtiger. Von Mitarbeitern müssen daher (geistige) Flexibilität, Lernbereitschaft und Engagement erwartet werden.

Aber auch Führungskräfte sind mit neuen Anforderungen, die nicht zuletzt durch die Erwartungen ihrer Mitarbeiter entstehen, konfrontiert. (vgl. Domsch, Regnet, 1990, S. 103) Ein effektiver Einsatz des Personals lässt sich nicht länger mit herkömmlichen bürokratisch-hierarchischen Methoden steuern. (vgl. Brumlop, 1993) Der autoritäre Führungsstil wird zwar nicht von einem „basis-demokratischen" abgelöst, doch speziell qualifizierte Mitarbeiter wünschen zunehmend eine Einbeziehung in Entscheidungsprozesse. Das heißt, Motivation kann vor allem durch Mitwirkung erzielt werden. In diesem Zusammenhang werden neben der fachlichen Kompetenz verstärkt die so genannten „soft facts" wie Kommunikations- und Integrationsfähigkeit, Konfliktmanagement, Fähigkeit zur Teamarbeit und zum ganzheitlichen Denken und Handeln sowie Mitarbeiterorientierung für eine erfolgreiche Führung benötigt. (vgl. Domsch, Regnet, 1990, S. 103) Zu den Aufgaben des zukünftigen Managers soll gehören, *„ein Klima zu schaffen, in dem der einzelne Mitarbeiter sich persönlich und beruflich weiterentwickeln kann."* (Aburdene, Naisbitt, 1993, S. 139) Um das Produktivitäts- und Kreativitätspotential der Mitarbeiter zu erschließen, sollen Hierarchien und Spezialisierungen abgebaut, die bisherigen, unpersönlichen, kontrollierenden Strukturen durch „high-trust-relations" (wechselseitiges Vertrauen auf der Basis kontrollierter Autonomie) ersetzt werden. Bei dieser neuen Organisation erhalten deshalb Werte, Gefühle, Intuition und Intimität, also Merkmale, die bisher eher dem Bereich der Familie und des Privaten zugerechnet und die eher Frauen als Männer zugesprochen werden, einen höheren Stellenwert. (vgl. Brumlop, 1993)

Häufig wird angeführt, dass diese Eigenschaften bei Frauen (durch ihre Sozialisation) bereits vorhanden wären, oder Frauen neue Elemente in das Berufsleben einbrächten. Die Anforderungen an die neuen Führungsmethoden sollen sich *„in geradezu unheimlicher Weise mit den Vorstellungen der Frauen über Führungsarbeit"* (Aburdene, Naisbitt, 1993, S. 140) decken. Der Anforderungswandel im Management scheint deshalb z. Z. eine qualitative Bedarfslücke in Bezug auf Merkmale wie Sozialkompetenz, Kreativität, Intuition und Flexibilität entstehen zu lassen. Eigenschaften, die herkömmlich stärker Bestandteile der weiblichen als der männlichen Verhaltensmuster sind, sollen also einen momentanen Qualifikationsvorteil der Frauen darstellen. (vgl. Alfen-Baum et al., 1993, S. 153)

Wurden den Frauen bis heute aufgrund ihrer typischen „weiblichen Eigenschaften" der Eintritt in Führungspositionen versperrt, so könnte jetzt eine Wendung abzusehen sein. Diese Entwicklung scheint bei qualifizierten und erfolgsorientierten Frauen nicht unbeträchtliche Hoffnungen auf verbesserte Aufstiegschancen zu wecken. (vgl. Brumlop, 1993) Allerdings wird häufig außer Acht gelassen, dass für die neuen Managementtechniken entsprechende Strukturen geschaffen werden müssen, die sowohl das gesamte Unternehmen als auch die einzelnen Abteilungen und Mitarbeiter betreffen. Außerdem berücksichtigen diese optimistischen Zukunftsaussichten nicht die bestehenden und bereits erläuterten Aufstiegsbarrieren (siehe Kapitel 3.2.2). Die Männer werden wahrscheinlich ihre Domäne verteidigen, auch wenn eine Änderung zum Vorteil des Unternehmens wäre. Ein organisationsinterner Interessenskonflikt zwischen Männern und Frauen und die tatsächlichen unternehmerischen Möglichkeiten eines Organisationswandels stehen einem schnellen Eintritt von Frauen in Führungspositionen entgegen. *„Kritikerinnen der 'neuen Unternehmenskultur' warnen deshalb auch vor einer falschen 'Politik des Optimismus', vor den Illusionen einer 'Kulturrevolution von oben', an der vor allem die Hoffnung problematisch sei, der Aufstieg von Frauen in ihnen bisher versperrte Managementpositionen könne auf einer quasi konfliktfreien Basis erfolgen."* (Brumlop, 1993, S. 184)

Für dieses Jahrzehnt wurde außerdem ein ansteigender Bedarf an Führungskräften vorausgesehen, der durch den männlichen Führungsnachwuchs allein nicht mehr zu decken sein würde. (vgl. Alfen-Baum et al., 1993, S. 153) Eines der stärksten Argumente für die gestiegenen Karrierechancen von Frauen lautet, dass die mangelnde Präsenz von Führungsfrauen angesichts des prognostizierten Bedarfs an einem qualitativ anderen und quantitativ größeren Führungskräftepotential eine *„Verschwendung von wertvollem Humankapital"* (Brumlop, 1993, S. 182) darstelle, das produktivitätssteigernd und humanitätssteigernd eingesetzt werden könne.

Diese Position scheint nicht nur zu übersehen, dass in den Führungsetagen nur eine begrenzte Anzahl von Stellen zur Verfügung stehen, sondern auch, dass Unternehmen Aufstiegsförderung immer nur seinen besonders qualifizierten und wertvollen Kräften, in die sie schon erheblich investiert haben, zugute kommen lassen. Verbesserte Chancen für den Eintritt von Frauen in Führungspositionen existieren meist nur, wenn ein Unternehmen schnell expandiert. (vgl. ebenda, S. 184)

6 Frauenförderung

6.1 Netzwerke

Ein Netzwerk ist eine soziale Ressource, die ihren Mitgliedern wertvolle Unterstützung, wichtige Bekanntschaften und Informationen bereitstellt. (vgl. Moore, 1990, S.
726)

6.1.1 Arten von Netzwerken

Ein Netz wird oft mit einer Spinnwebe assoziiert, die *„ein kunstvoll kreiertes Gespinst
aus miteinander verknüpften feinen Fäden (ist). Die Knoten sind nach einem ebenso
ästhetischen wie funktionalen System angeordnet. Ein Teil der Fäden - jener zwischen weit auseinander liegenden Knoten - ist mit einer klebrigen Substanz getränkt,
die festhält, was eingefangen werden soll. Die kurzen, quergezogenen Fäden sind
frei von Klebstoff und dienen der Spinne als Hochseil, auf dem sie sich behände zu
bewegen weiß. Erst wenn das Netz fest vertäut ist und eine Mindestzahl an Knoten
aufweist, kann es seine Funktion erfüllen: bietet es Sicherheit bei größtmöglicher
Beweglichkeit, bewahrt es vor Absturz und hält fest, was die Spinne nährt."* (van Winsen, 1997, S. 296)

Die Idee des Netzes wurde nicht nur im einfachen Einkaufsnetz, das sich sehr flexi-
bel den unterschiedlichsten Formen anpasst und dabei selbst schwerste Transporte
zu bewältigen hilft, vom Menschen umgesetzt, sondern auch bei der Entwicklung des
Internets herangezogen, das den Aufgaben eines Netzwerkes sehr nahe kommt. Eine Fülle von Informationen treffen auf die unterschiedlichsten Interessengruppen, die
dann zu einem interaktiven Austausch angeregt werden. Das aktive Kommunizieren
(wie im Internet) und die sichere Beweglichkeit (wie beim Einkaufsnetz) sind Voraussetzungen für ein funktionsfähiges Netzwerk. (vgl. van Winsen, 1997, S. 297)

Aufgrund der zunehmenden Qualifizierung ist die Zahl der Frauen im Management
gestiegen, was den Aufbau eines Netzwerkes ermöglicht, denn ohne eine bestimmte
Anzahl von Knoten (weibliche Führungskräfte) kann kein Austausch erfolgen bzw.
kein Netz entstehen.

So gründeten Frauen, die schon einige Stufen der Karriereleiter erklommen haben, Netzwerke mit der Absicht, auch für die im Management unterrepräsentierten Frauen den unter Männer schon seit langem üblichen Austausch über Karrierefragen und Strategien ebenso wie die für einen Aufstieg wichtigen informellen Kontakte zu ermöglichen. (vgl. Neujahr-Schwachulla, Bauer, 1993, S. 104) Es entstanden drei verschiedene Typen von Frauennetzwerken: (vgl. Vinicombe, Colewill, 1995, S. 88)

1. *Professional and occupational networks* bringen Frauen gleicher Berufsqualifikationen zusammen, z. B. Frauen im Management oder Frauen in der Technik, um Informationen und Karriereunterstützung anzubieten. Durch solche Gruppen erfahren die Frauen Neuigkeiten über ihren Beruf, ihre Tätigkeiten und ihren Industriezweig. Im Kapitel 6.1.4 werden einige diesem Typ angehörenden Netzwerke vorgestellt.

2. *In-company networks* sind formelle oder informelle Frauengruppen innerhalb einer Organisation, die einerseits nur für Frauen ab einer bestimmten Position, zumeist Frauen im Management, gegründet werden oder andererseits für alle Frauen des Unternehmens zugänglich sein können.

3. *Training Networks* sind Frauenfördervereine, die aus speziellen, allgemeinen oder berufsbezogenen Seminaren für Frauen entstanden sind, wenn diese feststellten, dass sie die Ansichten der anderen Teilnehmer teilten und sich regelmäßig für einen Austausch treffen wollten.

Nach dem ersten Netzwerktyp sind mehrere ähnlich gelagerte Netzwerke für Frauen in Führungspositionen entstanden. Das hängt mit den unterschiedlichen Meinungen und Einstellungen der Netzwerkerinnen zusammen. Sie haben zwar ein gemeinsames Ziel, aber keine einheitliche Strategie, um ihr Anliegen als Einheit voran zu bringen. (vgl. van Winsen, 1997)

6.1.2 Aufgaben und Bedeutung

Trotz ihres in der Managementliteratur hoch gelobten Führungsverhalten und ihrer spezifischen Kompetenzen, schätzen viele Frauen ihre Karrierechancen im Vergleich zu denen der Männer geringer ein. *„Sie wollen sich aber nicht länger wundstoßen an Betonköpfen, an knallharten Strukturen, an der Lehm- oder auch Lähmschicht mittlerer Führungsebenen."* (van Winsen, 1997, S. 296)

Da sich gerade die informellen Kontakte langfristig in Karrierefragen auszahlen, lohnt sich das Engagement in Netzwerken, insbesondere in denen, die sich für Frauen in Führungspositionen einsetzen. Ihre Ziele sind, der Unterrepräsentation von weiblichen Führungskräften durch die Förderung des weiblichen Nachwuchses entgegenzuwirken, einen Austausch auf informeller Ebene zu schaffen und Tipps und Tricks für den Aufstieg in den Unternehmenshierarchien weiterzugeben. (vgl. Neujahr-Schwachulla, Bauer, 1993)

Die meisten Netzwerke verstehen sich als Forum gegenseitiger Förderung der Mitglieder, als Wegbereiter für karriereorientierte Frauen und als Gegenpol zu den vielen von Männern beherrschten Bünden. Gleichzeitig versuchen Organisationen wie beispielsweise das *European Women's Management Development Network* über Seminare, Öffentlichkeitsarbeit und Podiumsdiskussionen gesellschaftspolitischen Einfluss zu nehmen. Sie wollen einerseits die bei Frauen vorhandenen Defizite im Umgang mit Karriere und Macht aufarbeiten und andererseits das männerdominierte Management in den Unternehmen aufbrechen. (vgl. Neujahr-Schwachulla, Bauer, 1993, S. 104)

Frauen erhalten in ihren Netzwerken die Möglichkeit, über ihre Erfahrungen und Probleme zu diskutieren. Aber *„sehr oft leiden interdisziplinäre, überbetriebliche Netzwerke an fehlendem Gleichgewicht, denn vor lauter sich gegenseitig coachen, gemeinsam Fähigkeiten trainieren, Konfliktfähigkeit üben, Rhetorik schulen, problematische Situationen analysieren, Tipps für Kinderbetreuung und Erziehung austauschen, geraten die großen Themen der Wirtschaft gern aus dem Blickfeld."* (van Winsen, 1997, S. 301) Deshalb sind weibliche Networker gefragt, die die Diskussionen mit Fakten und Argumenten leiten und sachliche Themen in den Vordergrund stellen.

Durch ein funktionsfähiges Netzwerk wird den Mitgliedern außerdem der Zutritt zum verborgenen Stellenmarkt garantiert, denn die Mitglieder informieren das Netzwerk über vakante Stellen und können genauere Aussagen zum Anforderungsprofil treffen. Jobs, die über das Netzwerk kommen, sollen häufig besser bezahlt und mit einem höheren Status verbunden sein, weil sich der Arbeitgeber bei einer Empfehlung „nicht kleinlich" zeigt, (vgl. Schupp, 1999, S. 14) wobei dieses Argument eher fraglich ist. Der Artikel von SCHUPP in der Unicumberuf liest sich wie eine Werbung für die Mitwirkung in einem Netzwerk. Sicherlich bestehen für *Networker* bessere Auswahlchancen als für Direktbewerber, aber Vermittlungserfolge in Prozentpunkten werden bei keinem Netzwerk angegeben.

Obwohl die Frauen ihre Netzwerke nach dem Vorbild der *old boys networks* entwickelten, konnten bei Untersuchungen einige Unterschiede in der Funktion und der Nutzung festgestellt werden.

6.1.3 Unterschiede zu Männernetzwerken und Probleme

Bei der Betrachtung eines Netzwerks aus nützlicher und sozialer Perspektive bewertet man die Ergebnisse seiner Interaktionen und das Verhältnis zwischen den Mitgliedern. Es gibt einige Hinweise darauf, dass sich die Netzwerke für Frauen von denen für Männer unterscheiden. Frauen pflegen offenbar zu mehr Menschen, insbesondere Verwandten, intensive und persönliche Kontakte als Männer, die im Allgemeinen mehr Verbindungen zu Beratern und Nichtverwandten unterhalten. (vgl. Moore, 1990, S. 731) Die männlichen *Networker* bitten die anderen Mitglieder häufig um Gefallen und profitieren davon bei der Jobsuche und Karriereentwicklung. Frauen nutzen dagegen ihre Netzwerke meistens für den sozialen Kontakt zu Gleichgesinnten, aber auch (allerdings in geringerem Ausmaß als Männer) zur eigenen Interessenvertretung. (vgl. Vinicombe, Colewill, 1995)

Da sich die Frauen in ihren Netzwerken noch scheuen, alle Möglichkeiten wahrzunehmen, sind die Erfolge noch begrenzt. Bei BISCHOFFS Studie äußerten sich nur drei der Interviewpartnerinnen nicht negativ über Frauennetzwerke. Die meisten waren der Meinung, dass *„sie gegen die Männer nur dann etwas ausrichten können, wenn sie es mit den Männern tun."* (Bischoff, 1990, S. 205) Es besteht die Notwendigkeit, dass die Frauen ihre Netzwerke durch Akquirieren von Frauen in Führungspositionen erweitern und aktualisieren, denn ohne Knoten kann kein Austausch entstehen. Dafür sollten die Netzwerkaufgaben deutlicher dargestellt werden, damit sie nicht wie bei BISCHOFFS weiblichen Führungskräften als Interessenvertretung abgelehnt werden, denn Emanzipation kann man ihrer Meinung nach *„nicht erquatschen"*. (Bischoff, 1990, S. 205) Diese Frauen assoziieren mit den Netzwerken eher „Kaffeekränzchen", bei denen sich die Frauen über Kinder und Karriere austauschen. Allerdings liegt diese Untersuchung mittlerweile zehn Jahre zurück. Die Einstellungen von Frauen in Führungspositionen gegenüber Netzwerken könnte sich inzwischen verändert haben.

Der aufgezeigte Unterschied, dass Frauen in ihren Netzwerken die ihnen gebotenen Kontakte weniger nutzen als Männer, widerspricht sich mit dem folgenden Problem. VAN WINSEN beobachtete, dass *„viele der 'alten Häsinnen' Abschied (nehmen), sobald sie es mit der Unterstützung des Netzwerkes weit genug gebracht haben. Von den Jüngeren meinen sie, nichts lernen zu können."* (van Winsen, 1997, S. 299) Egoismus soll auch bei jungen Mitgliedern sehr verbreitet sein. Suchen Vorstandsfrauen nach Freiwilligen, die bereit sind, für das Netzwerk Veranstaltungen zu planen und durchzuführen oder bei der Öffentlichkeitsarbeit zu helfen, ist die Bereitschaft gering oder tendiert gegen null. (ebenda) Die weiblichen Eigenschaften, angefangen von der Teamorientierung bis hin zur ihrer ausgeprägten sozialen Kompetenz, passen nicht zu diesem Verhalten. Falls das trotzdem die Realität ist, stehen die Netzwerke inzwischen vor der Frage, ob das Bleibende ausreicht, um ihre Aufgaben in den Führungsetagen der Wirtschaft zu erfüllen. Denn wenn die Frauen nach ihrem Aufstieg das Netz verlassen, verliert es wichtige Knoten, die sowohl für den Nachwuchs als auch für den Fortbestand von Bedeutung sind.

6.1.4 Beispiele in Deutschland

Bei der Recherche im Vorfeld dieser Arbeit wurde auch der Kontakt zu den Netzwerken gesucht, wobei die erhoffte Hilfestellung ausblieb. Einige Netzwerke, wie beispielsweise die *Gesellschaft Deutscher Akademikerinnen e.V.* und der *Bundesverband der Frau im Freien Beruf & Management*, schickten nicht einmal eine Informationsbroschüre. Wenn alle potentiellen Mitglieder dieser Netzwerke auf diese Art und Weise behandelt werden, dann ist der begrenzte Zuspruch verständlich. Es ist möglich, dass das Interesse der Netzwerke bezüglich der Unterstützung von Studentinnen eingeschränkt ist, da ihre Hauptaufgabe in der Beratung und Förderung ihrer Mitglieder liegt. Trotzdem sollten die zukünftigen *Networker* größere Aufmerksamkeit genießen. Einige in Deutschland bekannte Netzwerke sollen im Folgenden vorgestellt werden.

Das *Bonner Forum* ist ein *„Netzwerk von und für erfolgsorientierte Frauen, die selbst Unterstützung bei der Entwicklung ihrer Kompetenzen suchen und ebenso bereit sind, Kolleginnen mit Rat und Tat weiterzuhelfen."* (vgl. o. V.: Bonner Forum) Die Frauen treffen sich einmal monatlich zu fachübergreifenden Themenvorträgen, die zur Diskussion anregen sollen. Mitglied sollen Frauen werden, die entweder bereits Karriere gemacht haben und ihren Erfahrungsschatz mit anderen teilen wollen oder sich durch solide Qualifikation, soziale Kompetenz und Aufstiegswillen auszeichnen. Das *Bonner Forum* finanziert sich ausschließlich aus Mitgliedsbeiträgen und Spenden, wobei die Höhe des Beitrages nicht genannt wurde. Eine Aussage über die Erfolge und die Zahl der Mitglieder kann nicht getroffen werden, weil entsprechende Informationen fehlen.

Die *Vereinigung Frauen im Management e.V. (FIM)* hat Netzwerke in Bremen, Düsseldorf, Hamburg, Hannover, Frankfurt und München gegründet. Ihr Ziel besteht in der Karriereförderung und Weiterbildung ihrer Mitglieder. Dieser Verein nimmt Frauen im Management sowie Managementnachwuchs für Führungspositionen auf. (vgl. Schupp, 1999, S. 15) Diese Ausführungen beruhen nicht auf Informationen des Netzwerkes, da keine Antwort auf die Anfrage geschickt wurde, was entweder von schlechter Organisation oder fehlendem Interesse zeugt.

„'Chancengleichheit beginnt im Kopf' - das ist das Motto von Forum Frauen in der Wirtschaft." (http://focus.de/D/DB/DBQ/DBQC/dbqcc.htm) Das Ziel des Netzwerkes, dem Frauenbeauftragte und Projektleiterinnen von 15 deutschen Großunternehmen, darunter Lufthansa, Telekom, Volkswagen AG, Bayer AG, Deutsche Bank, angehören, besteht in der Erarbeitung von Maßnahmen, mit denen sich Familie und Beruf besser vereinbaren lassen, um damit eine reale Gleichberechtigung in den Unternehmen zu schaffen. Das Netzwerk soll helfen, Ideen zu realisieren, Erfahrungen auszutauschen und gemeinsame Strategien zu entwickeln. Inzwischen bieten alle dem Forum angeschlossenen Unternehmen verschiedene Familienprogramme, Mo-

delle zur gezielten Förderung des weiblichen (Führungs-)Nachwuchses und flexible Arbeitszeitmodelle an. (vgl. http://focus.de/D/DB/DBQ/DBQC/dbqc.htm)

Das Netzwerk *Frauen als Unternehmerinnen e.V. (FAU)* nimmt keine Frauen in Führungspositionen sondern nur Unternehmerinnen, Selbständige, Freiberuflerinnen oder Künstlerinnen auf. Folgende Angebote bestehen für die Mitglieder: Kontakte und Erfahrungsaustausch von selbständigen Frauen aus unterschiedlichsten Branchen, Informationen zu aktuellen Themen, die selbständige Frauen interessieren bzw. für sie wichtig sind, Angebote zur persönlichen und fachlichen Weiterbildung, Fachdiskussionen, Impulsreferate, individuelle Beratung von Fachfrau zu Fachfrau, Arbeitskreise, Tagungen. (vgl. o. V.: FAU Frauen als Unternehmerinnen e.V.)

Der *Bundesverband der Frau im Freien Beruf & Management e.V.* hat zwar nicht auf die Anfrage geantwortet, ist aber mit einer Homepage im Internet unter http://www.bfbm.de vertreten, der viele Informationen, angefangen von der Pressearbeit bis hin zur Satzung und dem Anmeldungsformular, entnommen werden können. Die rund 220 weiblichen Mitglieder treffen sich einmal im Monat zu Vortragsabenden und zum allgemeinen Informationsaustausch über Themen, die sich auf die Arbeits- und Lebenssituation von Frauen in leitenden Positionen beziehen. Zusätzlich können in der Dokumentenbibliothek, nach Texten aus früheren Veranstaltungen und Newslettern gesucht werden. Die Homepage des Netzwerkes ist ohne große Schwierigkeiten zu finden.

Das internationale *European Women's Management Development Network*, das in diesem Teil bereits erwähnt wurde, antwortete weder auf die Anfrage noch ist es im Internet vertreten. Da stellt sich die Frage, wie dieses Netzwerk funktioniert und einen Austausch ermöglicht.

6.2 Frauenförderung in Unternehmen

Nachfolgendes Kapitel beschäftigt sich mit dem Thema der Frauenförderung in Unternehmen. Zu Beginn sollen Ausführungen über deren Ziele und Inhalte einen Einblick in die Problematik liefern und anschließend Fördermaßnahmen einzelner Firmen vorgestellt werden.

6.2.1 Ziele von Frauenförderung

In einer Untersuchung von Unternehmen, die über Frauenförderprogramme verfügen, geben 82,4 % unternehmens- und/oder personalpolitische Gründe dafür an, also vor allem den antizipierten Fach- und Führungskräftemangel, der es erforderlich macht, auf das Potential qualifizierter Frauen zurückzugreifen. Zwei Drittel der Firmen geben als Motivation für Frauenförderung an, gesellschaftliche Entwicklungen seien in diese Entscheidung eingegangen. Hiermit sind Prozesse gemeint, die durch den Wertewandel und das damit einhergehende sich ändernde Rollenverständnis hervorgerufen werden. Als weitere Gründe der Unternehmen für die Einführung von Frauenförderprogrammen werden Erfahrungen, dass Frauen bestimmte Tätigkeiten erfolgreicher ausführen, die Verwirklichung von Chancengleichheit im Beruf und Imagepflege genannt. (vgl. Schultz-Gambard et al., 1993)

Es kann also davon ausgegangen werden, dass die Motivation zur Einführung von Frauenfördermaßnahmen seltener der Überlegung entspringt, Benachteiligungen um der Sache willen abzubauen. Vielmehr zeigt sich, dass häufig erst durch gesellschaftlichen bzw. wirtschaftlichen Druck die Veränderung zustande kommt. Interessant sind dabei auch die Unternehmen, die ihr Image durch Frauenförderung verbessern möchten. Zuversichtlich stimmt hier, dass Frauenförderung inzwischen offensichtlich als ein wettbewerbsförderlicher Aspekt gesehen wird, wobei jedoch zu vermuten ist, dass es bei entsprechender Motivation mehr um den schönen Schein als um weitreichende Veränderungen geht.

Es soll jedoch bei der Frauenförderung nicht darum gehen, Frauen als schutzbedürftige oder defizitäre Wesen zu behandeln, sondern vielmehr darum, erkannte Diskriminierungsmechanismen innerhalb eines Unternehmens zu reduzieren, um so die Grundlage für einen gleichberechtigten Wettbewerb und eine geschlechtsneutrale Personalpolitik zu schaffen. Ziel muss der Abbau willkürlicher oder unwillkürlicher Benachteiligungen von Frauen in den Bereichen Personalwerbung, -auswahl und -einstellung, Beförderung, Aus- und Weiterbildung sowie die Änderung grundsätzlicher organisatorischer Bedingungen (z. B. hinsichtlich der Aspekte Vereinbarkeit von Familie und Beruf) sein. Damit ergibt sich für die Unternehmen eine effizientere Nutzung breiterer Personalressourcen, indem bei Personalplanung und -entwicklung die

Kompetenzen einer großen Mitarbeitergruppe systematisch gefördert und gezielt eingesetzt werden. (vgl. Schultz-Gambard et al., 1993)

Frauenfördermaßnahmen können danach unterschieden werden, inwieweit sie Frauen im Allgemeinen betreffen (wie z. B. Programme zur Vereinbarkeit von Familie und Beruf), bzw. inwieweit sie auf eine spezielle Zielgruppe (z. B. weibliche Führungsnachwuchskräfte) ausgerichtet sind. Darüber hinaus muss zwischen allgemeinen Personalförderungsstrategien und einer spezifischen Frauenförderung unterschieden werden. Während erstere auf eine systematische Entwicklung des Mitarbeiterpotentials abzielt und dabei weibliche Mitarbeiter automatisch mitbetrifft, verfolgt die Strategie spezifischer Frauenförderung das Ziel, durch explizite Maßnahmen den Abbau von Benachteiligungen zu erreichen, um dadurch erst die Voraussetzungen für eine chancengleiche Personalpolitik zu schaffen. (vgl. ebenda)

„'Diversity' heißt das Zauberwort. Alle Erkenntnisse moderner Erfolgsunternehmen weisen darauf hin, dass nur eine ausgewogene Mischung von männlichen und weiblichen Mitarbeitern beste Ergebnisse erzielt", sagt Ursula Becker, Vorsitzende der Fraueninitiative 'Taten statt Worte'. (http://focus.de/D/DB/DBQ/DBQA/dbqa.htm)

Viele Großunternehmen verstehen gezielte Frauenförderung denn auch nicht mehr als Schmusekurs, sie dient handfesten wirtschaftlichen Interessen. Die Vorteile einer optimalen Quotierung liegen auf der Hand: größere Leistungsbereitschaft der Mitarbeiter, weniger Krankheitstage, höhere Produktivität im gesamten Unternehmen. Der Zusatz-Nutzen für die Firmenleitung: Die Frauenfreundlichkeit bringt dem Unternehmen nach außen positive PR.

Die Initiative TOTAL E-QUALITY Deutschland e.V. hat den Trend erkannt und packt Großunternehmen bei ihrer Eitelkeit. Der Verein, dessen Vorstand aus Managerinnen von Hoechst bis Volkswagen besteht, zeichnet Firmen, die in ihrer Personalpolitik die Gleichbehandlung von Frau und Mann fördern, mit einem 'Prädikat für Chancengleichheit' aus. Das imageträchtige Prädikat ist jedoch nicht einfach zu bekommen: Eine unabhängige Kommission prüft und bewertet sieben Aktionsbereiche von 'Beschäftigungssituation von Frauen' über 'Personalentwicklung und Weiterbildung' bis 'Vereinbarkeit von Familie und Beruf'. Beispielsweise ob Frauen gleichmäßig über alle Tarifebenen beschäftigt sind oder sie überwiegend in Jobs mit niedrigen Gehältern arbeiten, ob es Weiterbildungsangebote - zum Beispiel für Mütter in der Babypause gibt und ob sich Kinder und Karriere dank eines Betriebskindergartens, flexibler Arbeitszeiten oder Telearbeit besser unter einen Hut bringen lassen.

„Unser Motto ist: Besser loben als strafen", so Eva-Maria Roer, Vorstandsvorsitzende von TOTAL E-QUALITY und selbst mittelständische Unternehmerin. *„Das fundamentale Prinzip unserer Initiative ist, dass die Mitarbeiter effizienter und effektiver arbeiten, wenn sie anerkannt werden."* (ebenda)

Die prämierten Unternehmen profitieren zweifach:
Nach innen bewirkt die Auszeichnung engagiertere Mitarbeit, Identifikation mit den Unternehmenszielen, stärkere Integration der Mitarbeiter.
Nach außen bringt sie gesellschaftliche Wertschätzung sowie positive Unternehmens-PR mit sich.

Zur Liste der Ausgezeichneten zählen u. a. Bayer AG, Commerzbank, Hoechst AG, Deutsche Lufthansa, Volkswagen AG. Die Förderprogramme einiger dieser Firmen werden anschließend noch vorgestellt.

6.2.2 Programminhalte

In Anbetracht der heutigen Wirtschaftslage wird das erfolgreiche Abschneiden der Unternehmen von qualifizierten und motivierten Führungskräften zunehmend abhängen, das heißt das MitarbeiterInnenpotential wird immer mehr zum strategischen Erfolgsfaktor für die Firmen werden. Daher werden die Anstrengungen für ein systematisches Personalmarketing, eine systematische Potentialplanung und -entwicklung weiterhin zunehmen. Ein Unternehmen, dass dabei einen Großteil seines Potentials, die weiblichen Führungskräfte, brachliegen lässt oder zumindest nicht fördert, schadet sich selbst, insbesondere wenn andere Wettbewerber auf ihr gesamtes Potential zurückgreifen und Frauen in Führungspositionen entsprechend fördern. (vgl. Autenrieth et al., 1993)

Im Folgenden sollen die wichtigsten Inhaltspunkte von Frauenförderprogrammen allgemein dargestellt und diskutiert werden. Die Schwerpunkte werden hierbei auf Personalauswahl, -marketing und -entwicklung, auf die Förderung der Vereinbarkeit von Karriere und Familie sowie auf flexible Arbeitszeitmodelle gelegt.

6.2.2.1 Personalauswahl und -marketing

Für die Verwirklichung des Ziels, den Frauenanteil in den Führungsetagen deutlich zu erhöhen, ist eine gezielte Rekrutierung von externen Frauen von Bedeutung. Die Formulierung und Gestaltung von Stellenanzeigen, von denen sich auch hochqualifizierte Frauen angesprochen fühlen, sind Bestandteil eines effektiven Personalmarketings. Dieses umfasst Planung, Koordination und Kontrolle der auf die verschiedenen Arbeitsmärkte ausgerichteten Unternehmensaktivitäten mit dem Ziel, möglichst alle geeigneten BewerberInnen für eine Position zu erreichen. Dabei sollte sich die Ansprache auch an den Wünschen und Bedürfnissen potentieller MitarbeiterInnen orientieren, um sich als Arbeitgeber attraktiv zu machen. (vgl. Bornträger, Klein zit. in: Hadler, 1995, S. 269)

Stellenanzeigen für Führungskräfte richten sich aber häufig noch ausschließlich an Männer (vgl. Domsch, Ladwig zit. in: Hadler, 1995, S. 269) In Annoncen, die sich nur an Frauen wenden, handelt es sich demgegenüber i. d. R. nicht um Führungspositionen. In Untersuchungen wurde ermittelt, dass 90 % der Unternehmen ihre offenen Stellen geschlechtsneutral (gesetzlich geregelt in § 611b BGB) ausschreiben (vgl. Schultz-Gambard et al., 1993, S. 23) und dass sich Frauen gerade bei frauenuntypischen Berufen durch geschlechtsneutrale Annoncen nicht angesprochen fühlen. (vgl. Brumlop, Hornung, 1994, S. 846)

Hat ein Unternehmen also die Absicht, den prozentualen Anteil von Frauen in der Belegschaft und in Führungspositionen zu erhöhen, weil die männlichen Mitarbeiter deutlich überrepräsentiert sind, sollten einerseits Anzeigen formuliert werden, die gezielt weibliche Bewerber ansprechen (positive Diskriminierung) (vgl. Schultz-Gambard et al., 1993, S. 23) und andererseits der zuständige Vorgesetzte und die Personalabteilung auf eine verstärkte Berücksichtigung von weiblichen Bewerbungen hingewiesen werden. Liegen trotzdem keine oder wenige Bewerbungen von Frauen vor, so müssen Text und Aufmachung der Anzeige überprüft und gegebenenfalls neu formuliert werden. (vgl. Krebsbach-Gnath, Schmid-Jörg, 1988, S. 191)

In vielen Unternehmen hat es sich als sehr hilfreich erwiesen, eine Bewerbungsstatistik anzulegen, um eine Übersicht zu erhalten, wieviel Frauen sich beworben haben, wieviel davon zum Gespräch eingeladen und wer letztendlich eingestellt wurde. Die Analyse dieser Daten kann unbewusste Benachteiligungen aufdecken und einen Beitrag zur ihrer Beseitigung leisten. (vgl. Krebsbach-Gnath, Schmid-Jörg, 1988, S. 191)

Bei Auswahlgesprächen sollte immer auch eine qualifizierte Mitarbeiterin teilnehmen, da sie durch ihre Anwesenheit der Bewerberin signalisiert, dass engagierte Frauen in diesem Betrieb Aufstiegsmöglichkeiten haben und ein „mitarbeiterinnenfreundliches" Klima herrscht. (vgl. Krebsbach-Gnath, Schmid-Jörg, 1988, S. 187) Andererseits sind gemischtgeschlechtliche Auswahlgremien notwendig, um möglichst eine objektive Entscheidung treffen zu können. Denn in den Einstellungsgesprächen sitzen meist Männer, die „Ihresgleichen" bevorzugt einstellen. (siehe Kapitel 3.2.2.4.4) (vgl. Schultz-Gambard et al., 1993, S. 24)

6.2.2.2 Personalentwicklung

Personalpolitische Maßnahmen, die auf eine Förderung weiblicher Führungskräfte abzielen, setzen nicht allein bei den betroffenen Frauen an, sondern beziehen sämtliche Personengruppen, die zur Gestaltung der Unternehmensstrukturen beitragen, mit unterschiedlichen Ansätzen ein. Diese können von verstärkten Qualifizierungsangeboten für Frauen (z. B. Tagungen), gezieltem Mentoring, einem Abbau stereotyper Arbeitszuweisungen durch KollegInnen und Vorgesetzte bis hin zum Einsatz formaler Richtlinien und der Einrichtung spezieller Interessenvertretungen (z. B. Frauenbeauftragte, Netzwerke) reichen. (vgl. Hadler, 1995)

Die Besetzung von Positionen im mittleren und höheren Management erfolgt in der Mehrzahl der deutschen Unternehmen durch Beförderung der qualifizierten eigenen MitarbeiterInnen.

Die Schwierigkeit beginnt also schon in der Ausbildung. Insbesondere im technischen Bereich sind weibliche Bewerbungen sehr begrenzt. Die Interessen von Frauen und Männern, die durch die Sozialisation geprägt wurden, sind immer noch sehr verschieden und münden in den typischen Frauen- und Männerberufen. Werden im Unternehmen nur oder überwiegend männliche Auszubildende eingestellt und männlichen Trainees und Mitarbeitern Weiterbildungsmaßnahmen angeboten, verfügt das Unternehmen später nicht über genügend weibliche Nachwuchskräfte, um diese in Managementpositionen zu befördern. (vgl. Krebsbach-Gnath, Schmid-Jörg, 1988, S. 197)

Ist ein Unternehmen an Frauenförderung interessiert, sollte es beispielsweise durch den Einsatz von Presse, Funk, Fernsehen und durch Vereinbarungen mit den Arbeitsamtsvertretern eine entsprechende Berufsberatung durchführen, um genügend Mädchen für einen nicht-traditionellen Beruf zu interessieren und für eine Bewerbung zu motivieren. Dabei ist die Zusicherung der Geschäftsleitung von Bedeutung, dass es sich nicht um „kurzfristig angelegte Versuche", sondern um langfristige Programme handelt, dass in jedem der angebotenen Ausbildungsbereiche eine größere Mädchengruppe arbeiten wird und dass bei erfolgreichem Ausbildungsabschluss eine Übernahmegarantie des Unternehmens vorliegt. (vgl. Krebsbach-Gnath, Schmid-Jörg, 1988, S. 198)

In der Untersuchung von SCHULTZ-GAMBARD ET AL. wurde ermittelt, dass 63,4% der Unternehmen anbieten, Frauen und Mädchen in männerdominierten Berufen auszubilden. Bei den übrigen Unternehmen handelt es sich um Branchen (z. B. Touristik und Bankwesen), die nicht über klassisch männliche und weibliche Ausbildungsberufe verfügen und deshalb ein solches Angebot nicht machen können.

Die nächste Barriere, die Frauen überwinden müssen, ist die gleichberechtigte Entsendung zu Weiterbildungsveranstaltungen. Die Auswahl der MitarbeiterInnen zur Teilnahme an Schulungen und Seminaren wird in vielen Fällen nach nicht festgelegten Kriterien vorgenommen. Wie im Kapitel Hindernisse erläutert wurde, ersehen Unternehmen die Investition in weibliches Potential als nicht lohnend, weil Frauen Kinder gebären können und weil sie sich danach mit großer Wahrscheinlichkeit um die Familie kümmern werden. Deshalb sollten Unternehmen, die an Frauenförderung interessiert sind, eine verbindliche Vorschrift an die zuständigen Vorgesetzten herausgeben, die festschreibt, dass Frauen entsprechend ihrem Beschäftigungsanteil bei der Anmeldung zu Nachwuchskräfteprogrammen und Weiterbildungsmaßnahmen zu berücksichtigen sind.

Insbesondere das Angebot von frauenspezifischen Trainings, z. B. im Bereich der Persönlichkeitsbildung (Rhetorik, Selbstsicherheitstraining) ist von Bedeutung, denn *„nur Männer die allein mit zwölf Frauen ein Seminar besucht haben, können sich den Druck vorstellen, dem Frauen in einer Männerrunde ausgesetzt sind."* (Krebsbach-Gnath, Schmid-Jörg, 1988, S. 199) Nur 8 % der in der Studie von SCHULTZ-GAMBARD befragten Unternehmen gaben an, dass sie spezielle Führungskräfteseminare für Frauen anbieten, wobei deren Güte und Effektivität umstritten sind. Den Fürsprechern ist es wichtig, dass Frauen in Frauengruppen offener miteinander umgehen (vgl. Bischoff, 1988), ohne dabei vom männlichen Diskussionsstil beeinflusst zu werden. (vgl. Assig zit. in: Schultz-Gambard et al., 1993, S. 26) Die Gegner sehen in der Konfrontation mit den männlichen Kollegen eine Widerspiegelung der Alltagssituation, so dass das im Training Gelernte auch im jeweiligen Umfeld umgesetzt werden kann.

Es ist also wichtig, sowohl Mädchen zur nicht-traditionellen Berufsausbildung zu motivieren, um Ressourcen für eine spätere Förderung zu schaffen als auch bei Weiterbildungsveranstaltungen einerseits auf ein ausgewogenes Geschlechterverhältnis zu achten und andererseits auch Schulungen speziell für Frauen zu organisieren, die sich mit deren Defizite (z. B. Rhetorik, Selbstsicherheit) beschäftigen.

6.2.2.3 Förderung der Vereinbarkeit von Karriere und Familie

Die Förderung der Vereinbarkeit von Familie und Beruf muss eines der Grundmotive einer Personalarbeit für weibliche Führungskräfte sein. Denn die Frauen sind nicht mehr willens, sich von den Unternehmen vor die Alternative entweder Familie oder Karriere stellen zu lassen. Dass die Führungsfrauen selbst eine hohe Bereitschaft zur Bewältigung dieser Problematik zeigen und gleichzeitig alle Voraussetzungen für eine Karriere in den Unternehmen mit sich bringen, steht außer Frage und ist in dieser Arbeit auch bereits aufgezeigt worden.

Es ist allerdings ebenso nicht zu übersehen, dass die Firmen den Frauen diese Aufgabe nicht allein überlassen können. Um die Doppelbelastung durch Erwerbs- und Familienarbeit zu entschärfen, sind betriebliche Maßnahmen zur Vereinbarkeit von Familie und Beruf notwendig, auch deshalb, weil die Kinderbetreuung mehr eine gesellschaftliche als individuelle Aufgabe darstellen sollte und somit nicht einzelnen, vor allem nicht allein Frauen, überlassen werden darf. (vgl. Schultz-Gambard et al., 1993)

Als zentralen Aspekt für eine partnerschaftlichere Lebenspraxis und eine Veränderung geschlechtsspezifischer Arbeitsteilungen werden die Anpassung der Arbeitsorganisation an die Bedingungen von Familienleben diskutiert. Hierfür werden verschiedene Maßnahmen propagiert, insbesondere aber diese drei: Arbeitszeiten, Wiedereinstieg und Kinderbetreuung. Infolge des zwischenzeitlich verlängerten gesetzlichen Erziehungsurlaubs auf drei Jahre wird das Angebot einer längeren Unterbrechung für die Familienarbeit durch betriebliche Freistellung kaum noch debattiert - vor allem nicht für Führungskräfte.

6.2.2.3.1 Flexible Arbeitszeitgestaltung und Teilzeitmöglichkeiten

Über 95 % der befragten Unternehmen der Untersuchung (vgl. Schultz-Gambard et al., 1993) bieten die Möglichkeit der flexiblen Arbeitszeitgestaltung an. Die Möglichkeiten hierbei reichen von gleitendem Arbeitstag und gleitender Arbeitswoche über flexible Arbeitszeiten, z. B. von 7h bis 21h, bis hin zu individuellen Vereinbarungen. Im selben Umfang bieten Unternehmen auch die Möglichkeit der Teilzeitbeschäftigung an. Nach den Formen der Teilzeitmöglichkeiten gefragt, bieten die Mehrzahl der Unternehmen Halbtagsbeschäftigung als Form der Teilzeitarbeit an. Weiterhin besteht die Möglichkeit, im Rahmen eines job sharing beschäftigt zu sein und sonstige Formen wie KAPOVAZ-Vereinbarungen, 3-Tage-Wochen, freie Gestaltung der Lage der vereinbarten Arbeitszeit oder eine Kombination der verschiedenen Möglichkeiten in Anspruch zu nehmen. Auffällig ist die geringe Anzahl der befragten Unternehmen mit Teilzeitarbeitsplätzen für Führungskräfte, ein Ergebnis, in dem sich die weit verbreitete Auffassung der Unteilbarkeit von Führungsposition widerspiegelt. (vgl. ebenda)

In anderen diesbezüglich durchgeführten Studien wurde im Rahmen dieser Frage von InterviewpartnerInnen darauf hingewiesen, dass eine Führungsposition mit einem hohen zeitlichen Arbeitsaufwand zusammenhänge, der über die Regelarbeitszeit hinausgehe und der kaum im Voraus planbar sei. Fast alle Befragten bewerteten familiäre Betreuungsaufgaben entsprechend als Hindernis für die geforderte Ausfüllung von Führungspositionen und stellten sie als nur begrenzt miteinander vereinbar dar. Selbst eine Nutzung vorhandener Gleitzeitregelungen durch Führungskräfte wurde von mehreren Befragten in Frage gestellt. Innovative Ideen äußerte jedoch, bis auf den Vorschlag von projektgebundenen Teilzeitverträgen für Führungskräfte, fast niemand. (vgl. u. a. Hadler, 1995) Dass Teilzeitregelungen durchaus eine Möglichkeit für Führungskräfte sind, beweist die Commerzbank in ihrem Frauenförderprogramm, welches nachfolgend vorgestellt wird.

Der ausgesprochen hohe Wunsch nach einer qualifizierten Teilzeitbeschäftigung unter den weiblichen Führungskräften zwingt den Unternehmen geradezu dieses Thema auf. Flexible Arbeitszeitregelungen werden jedoch vor allem als kostensparender Faktor für andere MitarbeiterInnengruppen als die der Führungskräfte diskutiert. Als unterstützende Maßnahme oder gar als incentive bei einer stärkeren Eingebundenheit durch Familienaufgaben sind sie für hochqualifiziertes Personal bislang vor allem Gegenstand der wissenschaftlichen Auseinandersetzung und nicht der praktischen Personalarbeit. Unternehmen, die dieses Thema nicht aufgreifen, werden ein beträchtliches Potential an qualifizierten und motivierten Mitarbeitern und Mitarbeiterinnen vernachlässigen. Die Konsequenzen sind vielfach, sei es unter anderem, dass die MitarbeiterInnen das Unternehmen verlassen oder in die innere Kündigung gehen. Der Ausdruck „qualifizierte Teilzeitbeschäftigung" sollte sehr ernst genommen werden. Die Unternehmen werden an dem, wie qualifiziert die Teilzeitbeschäftigung ausgestattet ist, von ihren Führungskräften gemessen werden. Ihre Glaubwürdigkeit in Bezug auf diese Verlautbarungen hinsichtlich der Förderung der Vereinbarkeit von Familie und Karriere wird maßgeblich daran abzulesen sein. (vgl. Autenrieth et al., 1993)

6.2.2.3.2 Wiedereinstellungsgarantie nach der Kinderphase

Die Praxis des so genannten 'Dreiphasenmodells', wonach Frauen zunächst bis zur Geburt des ersten Kindes eine Berufstätigkeit ausüben (Phase I), dann solange eine

Berufspause einlegen, bis das letzte Kind das Haus verlassen hat (Phase II), um dann schließlich ihre Berufstätigkeit bis zum Rentenalter wieder aufzunehmen (Phase III), verliert allmählich an Gültigkeit. Haben die betroffenen Frauen nach der Kinderphase überhaupt einen Arbeitsplatz finden können, müssen sie als Wiedereinsteigerinnen häufig am unteren Ende der Betriebshierarchie neu beginnen, weil sie den beruflichen Anschluss verloren haben. Eine Möglichkeit, die Berufstätigkeit wegen einer Kinderphase ohne diese Nachteile zu unterbrechen, besteht in der Wiedereinstellungsgarantie. Diese ist meist an Maßnahmen gekoppelt, die den fortlaufenden Kontakt zur Tätigkeit und zum Unternehmen während der Unterbrechungsphase gewährleisten.

Zu diesem Punkt hat die Befragung der Unternehmen (vgl. Schultz-Gambard et al., 1993) ergeben, dass fast die Hälfte von ihnen allen Beschäftigten einschließlich der Führungskräfte eine Wiedereinstellungsgarantie anbieten. Die meisten Unternehmen bejahen außerdem die Frage, ob die Wiedereinstellungsgarantie gleichermaßen für männliche wie weibliche Führungskräfte gilt.

Hinsichtlich der Einrichtung von Möglichkeiten, während der Unterbrechung den Kontakt zum Unternehmen und zur Tätigkeit aufrechtzuerhalten, antworten über zwei Drittel der Firmen, dies werde bereits praktiziert. Als wichtigste Kontaktmöglichkeiten gelten hierbei vor allem Urlaubsvertretungen, Fortbildungsmaßnahmen, eine parallele Beschäftigung auf Aushilfsbasis, die Teilnahme an betriebsinternen Veranstaltungen aller Art sowie die Zusendung von Informationen (Rundschreiben, Betriebszeitungen) über das Unternehmen. (vgl. ebenda)

Trotz alledem sind hier mit den größten Problemen aber nach wie vor Frauen und Männer in Führungspositionen konfrontiert. Zum einen haben sich so manche Unternehmen erst gar nicht darauf eingelassen, Abteilungsleitern ein erweitertes Rückkehrrecht einzuräumen. Zum anderen haben die Unternehmen, die sich auf dieses Neuland wagten, noch kaum Erfahrung mit zurückkehrenden Managern und Managerinnen. Je höher die Position und je spezifischer das Aufgabengebiet, begründen sie ihre Zurückhaltung, desto schwieriger sei es natürlich für das Unternehmen, für die Zeit des Ausstiegs qualifizierter Mitarbeiter einen zeitlich begrenzten Ersatz zu finden. Nicht selten aber fürchten hier die Manager lediglich um den Betriebsfrieden.

Denn welcher stellvertretende Abteilungsleiter beispielsweise will schon, wenn er zwei oder drei Jahre seinen Chef oder seine Chefin vertreten hat, wieder in die zweite Reihe zurücktreten. (vgl. Neujahr-Schwachulla, Bauer, 1993)

6.2.2.3.3 Betriebliche Kinderbetreuungsmöglichkeiten

In Deutschland mangelt es vor allem an guten Krippen- und Kindergartenplätzen. Zu viele Politiker und Eltern sehen darin noch eine Notlösung für das Kind, so genannte programmierte Sozialfälle. Es wird dabei jedoch vergessen, dass ein Kind in einer Krippe durchaus vielfältige und bereichernde Erfahrungen macht, die ihm in den heutigen Kleinfamilien teilweise fehlen. Dass Kinderbetreuungseinrichtungen viele Vorteile mit sich bringen und sich nicht nachteilig auf die Entwicklung des Kindes auswirken, zeigen beispielsweise die jahrelangen Erfahrungen in der DDR.

Eine geringe Anzahl der befragten Unternehmen (vgl. Schultz-Gambard et al., 1993) verfügen bereits über betriebsinterne Betreuungsmöglichkeiten für die Kinder der Beschäftigten. Die Möglichkeit der Unterbringung von Kindern bis drei Jahren in einer Kinderkrippe, von Kindern zwischen drei und sechs Jahren in einem Kindergarten und im Hort für Kinder von sechs bis vierzehn Jahren ist aber in vielen Firmen vorhanden.

Gerade hier scheint also, vor allem vor dem Hintergrund der großen Zahl fehlender staatlicher Betreuungseinrichtungen, verstärkter Handlungsbedarf zu bestehen. Betriebseigene Kinderkrippen und -horte bieten Müttern Gelegenheit, auch über Mittag beim Kind zu sein. Aus betrieblicher Sicht wird die Identifikation solcher Mitarbeiterinnen mit dem Unternehmen gewiss stark sein, auch ein kinderfreundliches Image ist solchen Betrieben sicher. Voraussetzung ist eine sorgfältige Planung und Realisierung einer Betreuungseinrichtung. Vielleicht lässt sich in manchen Fällen auch ein Tagesmütterverein gründen oder zumindest eine Vermittlungsstelle von Tagesmüttern einrichten. Gegebenenfalls könnte auch eine finanzielle Unterstützung für Betreuerinnen vorgenommen werden. Gewiss finden sich auch Räumlichkeiten, in welchen schulpflichtige Kinder ihre Schulaufgaben unter fachkundiger Anleitung einer (ehemaligen) Pädagogin, Lehrerin oder Studentin erledigen, die ihrerseits eine solche Beschäftigung sucht. Die Unternehmen könnten ebenso dazu übergehen, die

Familienangehörigen zum Kantinenessen zu beteiligen, damit die Familie ohne Mehrbelastung der Mutter gemeinsam essen kann.

Es gibt sicherlich keine Patentrezepte, aber viele individuelle Lösungen zur Frage der Kinderbetreuung. Es muss jedenfalls darum gehen, den Mitarbeiterinnen Angebote zu offerieren, die sich für solche Einrichtungen interessieren, ohne Zwang für jene, die sich nicht angesprochen fühlen. Alle Eltern müssen selbst entscheiden, ob und wie sie diese Unterstützungen nutzen möchten, wobei auch diejenigen nicht vergessen werden dürfen, die keine Wahl haben, sondern ihren Lebensunterhalt verdienen müssen und gezwungen sind, ihre Kinder einer Betreuungsperson zu überlassen. Die Erfahrung zeigt, dass Betreuungsplätze einem großen Bedürfnis entsprechen, denn immer mehr Frauen mit Kindern möchten noch „mit einem Bein im Beruf stehen" und später wieder voll einsteigen. Nur wenige verfügen aber über die nötigen finanziellen Mittel, um eine qualitativ gute Betreuung ihrer Kinder auf privater Basis gewährleisten zu können. (vgl. Demmer, 1988)

In Verbindung mit alternativen Arbeitszeitformen sollten und müssen also neue Wege gefunden werden, um dem Dilemma von Kind, Karriere und Beruf entgehen zu können und bessere Lebensformen zu finden.

6.2.3 Frauenförderprogramme in deutschen Unternehmen

In Büchern, Artikeln und im Internet werden zahlreiche namhafte Unternehmen genannt, die sich bereits mit der beruflichen Förderung von Frauen insbesondere in Führungspositionen auseinandersetzen. So wurde u. a. der Kontakt zu den dem Forum Frauen in der Wirtschaft angeschlossenen Unternehmen gesucht, die laut Aussage der Forums inzwischen alle verschiedene Familienprogramme, Modelle zur gezielten Förderungen des weiblichen Nachwuchses und flexible Arbeitszeitmodelle anbieten. Um so überraschender war die geringe Resonanz auf die Frage nach Informationen über die jeweiligen Förderprogramme. Denn man konnte eigentlich davon ausgehen, dass die Unternehmen daran interessiert sind, ihr Engagement für ein solches imageförderndes, gesellschafts- und personalpolitisch relevantes Thema in der Öffentlichkeit zu präsentieren. Von insgesamt 20 deutschen Unternehmen antworteten fünf, dass kein schriftlich verfasstes Programm zur Förderung von Frauen existiert, von neun Unternehmen, darunter BMW und Lufthansa AG wurde keine Antwort erhalten, obwohl Lufthansa für sein Frauenförderprogramm bereits mit dem TOTAL E-QUALITY-Prädikat ausgezeichnet wurde. Das viel versprechende Referat der Frauen- und Familienpolitik der Hoechst AG mit seinem Programm 'Hoechst weiblich' wurde im Zuge von Umstrukturierungen aufgelöst, weshalb direkt bei der Hoechst AG nachgefragt wurde. Katja Posner vom Hoechst Corporate Center erklärte, dass die Hoechst AG inzwischen eine Managementholding mit 300 MitarbeiterInnen ist, die sich seit zwei Jahren ständigen Strukturänderungen unterzieht. Die Aufrechterhaltung des Programmes war nicht mehr möglich, da sich ständig Gesellschaften mit den förderungswürdigen Mitarbeiterinnen ausgegliedert haben und damit dem Programm die Basis genommen wurde. Aber sie rechnet mit einer neuen Initiative nach Beendigung der Umstrukturierung.

In den USA wurden 14 Unternehmen angeschrieben, die durch Catalyst für die erfolgreiche Förderung von Frauen in Führungspositionen ausgezeichnet wurden. Wie in Deutschland meldeten sich einige Unternehmen nicht, z. B. Protecter & Gamble, Pitney Bowes Inc. und Sara Lee Corporation. Levi Strauss und Avon Products verwiesen auf ihre Homepages, die ihre Aktivitäten bezüglich Frauenförderung verdeutlichen sollen.

Im Folgenden sollen die Förderprogramme von fünf deutschen und einem amerikanischen Unternehmen vorgestellt werden.

6.2.3.1 Commerzbank: 'CONSENS'

Eine 1987/88 durchgeführte Mitarbeiterbefragung lieferte bei der Commerzbank AG den Anstoß, eine Projektgruppe zum Thema Chancengleichheit für Frauen einzurichten. Schon bald stellte sich heraus, dass nicht allein Rollenklischees oder von Männern dominierte Strukturen es Frauen erschweren, Familie und Beruf zu vereinbaren. Auch das Personalmanagement ist gefordert, die Rahmenbedingungen so zu gestalten, dass Mitarbeiterinnen und Mitarbeiter fair, partnerschaftlich und gleichberechtigt zusammenarbeiten können. Aus der Frage nach den ungleichen Chancen entstand 1989 zunächst das Projekt 'Frauen im modernen Banking'. Das Projekt ist inhaltlich im Lauf der Zeit gewachsen. In den letzten neun Jahren entstand ein Bausteinsystem, das den vielfältigen Aspekten des Themas Chancengleichheit, aber auch unterschiedlichen Mitarbeitergruppen Rechnung trägt. Mit der Zeit kristallisierte sich heraus, dass sich immer mehr Männer mit den angesprochenen Themen auseinandersetzen und sich ihnen vorsichtig nähern. Die Kommunikation über die Projektbezeichnung 'Frauen im modernen Banking' wurde dieser Situation nicht mehr gerecht, und das Projekt wurde in 'Consens' umbenannt. 'Consens' soll dabei zum Ausdruck bringen, dass es sich um einen Prozess handelt, in dem sowohl Männer als auch Frauen nach einer Lösung suchen, der sie zustimmen können.

Denn seit 1991 sind über 50 % aller Commerzbanker Frauen. Bei den weiblichen Auszubildenden llegt der Anteil über der Hälfte, weibliche Hochschultrainees sind mit über 40 % vertreten. In Führungspositionen hingegen sind Frauen deutlich schwächer repräsentiert. Dieses Missverhältnis zeigt, dass Handlungsbedarf besteht, denn Frauen kommen seit mehr als zwei Jahrzehnten mit guten, einschlägigen Bildungsabschlüssen in die Bank. Auf der anderen Seite haben sich die Zahlen kontinuierlich positiv weiterentwickelt. Einige Beispiele sollen dies belegen: im außertariflich vergüteten Bereich befanden sich 1980 nur 3,2 % Frauen, 1998 verzeichnet die Bank immerhin einen Anteil von 16,8 %. Vor achtzehn Jahren waren 2,5 % Frauen in einer Funktion mit Führungsverantwortung tätig, 1998 sind es sechs Mal soviel. Der Anteil der Frauen, die im Tarifbereich Handlungsvollmachten besitzen, entwickelte sich von 18,3 % (1980) auf mittlerweile über 50 %. Fazit ist, dass sich die Zahlen, vor allem der Frauen mit Verantwortung auf höherer Ebene, sich nur langsam entwickeln. Inzwischen ist jedoch eine breitere Basis von Frauen mit qualifizierter Fachaufgabe oder Verantwortung auf der dritten Führungsebene entstanden, aus der sich Mitarbeiterinnen für die nächsthöheren Ebenen rekrutieren sollen. (vgl. David, 1998)

Inhaltlich haben sich innerhalb des Projektes drei Handlungsfelder herausgebildet:

1. Familie und Beruf
- Wiedereingliederungsprogramm
- Arbeitszeitflexibilisierung
- Telearbeit
- Betrieblich geförderte Kinderbetreuung

2. Berufliche Entwicklung von Frauen

♦ Seminarangebote für weibliche Fach- und Führungskräfte

♦ Mentoring

♦ Netzwerk in der Commerzbank

3. Zusammenarbeit von Frauen und Männern im Unternehmen

♦ Veranstaltungen

♦ Mitarbeiterkommunikation (o. V.: Chancengleichheit in der Commerzbank: Das Projekt 'Consens')

1990 riefen die Mitglieder des Projektteams auf Basis einer Betriebsvereinbarung das 'Comeback-Programm' ins Leben. Es sollte helfen, Familien und Beruf besser zu vereinbaren. Für das Unternehmen steckt natürlich auch finanzielles Interesse dahinter - dass die hochqualifizierte Mutter nach dem Erziehungsurlaub wieder an ihren Arbeitsplatz zurückkehrt. Immerhin kostet die Ausbildung eines Trainees bis zu einer halben Million Mark. Eine Investition, die sich für die Commerzbank nur langfristig lohnt. Deshalb schafft das Unternehmen Voraussetzungen, mit denen sich Karriere und Kinder besser vereinbaren lassen. Eltern können sich zum Beispiel nach dem gesetzlichen Erziehungsurlaub von drei Jahren jeweils ein weiteres Jahr freistellen lassen - bis zum achten Geburtstag des Kindes. In vielen Fällen ist es auch möglich, Teilzeit zu arbeiten, mit mindestens 19 Stunden die Woche.

Außerdem bietet die Bank erziehenden Müttern und Vätern Fortbildungsseminare, Produktschulungen sowie Urlaubs- und Krankheitsvertretungen an. Die eigens konzipierte, zweimonatlich erscheinende Zeitschrift 'Comeback-Info' hält sie über das aktuelle Geschehen in der Bank auf dem Laufenden.

Die Betriebsvereinbarung 'Teilzeit' forciert Teilzeitjobs in allen Qualifikationsstufen und nimmt damit eine Vorreiterrolle in Deutschland ein. Dem Anhang kann die vollständige Version der „Führungskräfte-Information Teilzeitarbeit in der Commerzbank 'Neue Zeiten'" entnommen werden.

Seit Anfang 1995 existiert zudem die Betriebsvereinbarung 'Kinderbetreuung'. Sie beinhaltet zum Beispiel, dass Eltern zur Pflege kranker Kinder länger zu Hause bleiben dürfen, als es das Gesetz vorschreibt. Außerdem bietet die Commerzbank Dienstleistungen wie ein Kinderbetreuungsbüro, Unterstützung von Elterninitiativen oder Zuschüsse für Tagesmütter.

Die bereits oben genannten Zahlen belegen die ersten Erfolge des Programms. In den vergangenen 15 Jahren übernahmen danach immer mehr Commerzbank-Frauen anspruchsvolle Aufgaben und Verantwortung in Führungspositionen. (vgl. http://focus.de/D/DB/DBQ/DBQA/dbqab.htm)

Die Vereinbarkeit von Beruf und Familie ist sicher nur einer der Gründe, warum sich Frauen beruflich nicht in gleicher Weise wie Männer entwickeln. Auch Vorurteile und Rollenklischees stellen Hemmnisse dar. Deshalb sind Maßnahmen zur Sensibilisierung, die entsprechende Themen ins Gespräch bringen, auch bei der Commerzbank wichtig. Seit Beginn des Projektes werden unterschiedliche Veranstaltungen rund um das Thema Chancengleichheit organisiert. In kleineren und größeren Gesprächsrunden oder überregional konzipierten Symposien diskutieren Mitarbeitergruppen beispielsweise über die Zusammenarbeit zwischen Frauen und Männern, wobei männliches und weibliches Führungsverhalten, typische Situationen zwischen Frauen und Männern im Vertrieb sowie unterschiedliche Sprach- und Verhaltensweisen betrachtet werden.

Nahezu ideologische Diskussionen entfachen sich bei der Commerzbank, wenn es um Begriffe wie 'Frauenförderung' oder 'Quote' geht. Es wurde von Anfang an deutlich gemacht, dass es um 'Qualität statt Quote' geht. Gemeint ist damit, dass Frauen aus personalpolitischer Sicht genau wie Nachwuchs- oder Führungskräfte eine Mitarbeitergruppe darstellen, der bestimmte Rahmenbedingungen angeboten werden, damit sie erfolgreich im Unternehmen tätig sein kann. Während die Programme zur besseren Vereinbarkeit von Familie und Beruf breite Akzeptanz fanden, wurden Angebote speziell für Frauen, z. B. im Qualifizierungsbereich, sehr kontrovers diskutiert. Aber nicht zuletzt durch die diversen Veranstaltungen und Gesprächsrunden wurde den Mitarbeitergruppen und auch dem Unternehmen klar, dass sich Frauen im Berufsleben aufgrund ihrer Sozialisation häufig anders als Männer verhalten. Da viele Prozesse im Berufsalltag noch immer stark an den von Männern dominierten Strukturen orientiert sind, müssen Frauen lernen, einen eigenen Stil zu finden und ihn auch durchzusetzen. Deshalb hat sich die Commerzbank entschlossen, ihren Mitarbeitern auch von dieser Seite her Unterstützung anzubieten. Beispielsweise ist 1998 ein Pilotprojekt eingeführt worden, das Mitarbeiterinnen, die eine erste Führungsaufgabe anstreben, unterstützt. Themenschwerpunkte sind unter anderem Rollenverhalten und Rollenerwartungen, Durchsetzungsstrategien, Zielklarheit und Selbstmanagement. Des Weiteren setzten sich Frauen aus dem Frankfurter Raum der Commerzbank zusammen, um über den Aufbau eines Netzwerkes nachzudenken. (vgl. David, 1998) Aufgrund der zu diesem Zeitpunkt vorliegenden Informationen können leider keine Ausführungen über das Ergebnis dieses Vorhabens gemacht werden. Welche Möglichkeiten jedoch ein solches Netzwerk bietet und wie wichtig dieser Erfahrungsaustausch sein kann, wurde bereits an anderer Stelle dargestellt und erörtert.

Abschließend kann festgestellt werden, dass das Programm der Commerzbank zur Frauenförderung bzw. Chancengleichheit sicher eines der innovativsten und umfangreichsten Projekte dieser Art in Deutschland ist. Nicht zuletzt geben dem Unternehmen die diversen Auszeichnungen für ihre Initiativen auf diesem Gebiet recht, z. B. das bereits oben erwähnte TOTAL E-QUALITY-Prädikat, der Cosmo-Award '96 und der Förderpreis 'Frauen in Führung' an die Commerzbank Mainz. Sicher ist aber auch, dass *„das Thema Chancengleichheit sich nur dann weiterbewegen wird, wenn von unterschiedlichen Seiten Anstrengungen unternommen werden"*, so der Personalvorstand der Commerzbank AG, Klaus Müller-Gebel. *„Die Unternehmen können über personalpolitische Ansätze den von ihnen zu beeinflussenden Teil abdecken, auf gesellschaftliche Entwicklungen jedoch nur bedingt Einfluss nehmen."* (zit. in: David, 1998) Die Teilzeitangebote oder Programme zur Wiedereingliederung, die sich selbstverständlich auch an Männer richten, werden nur selten von diesen genutzt, weil - neben finanziellen Erwägungen - das private Umfeld oft nicht die notwendige Unterstützung dafür bereithält. Somit reicht es gewiss nicht aus, in Seminaren über das Thema zu diskutieren, sondern man(n) muss in der Praxis des Alltags auch danach handeln. Ein erster Schritt in die Richtung der Chancengleichheit auch bei der Besetzung von Führungspositionen ist das Programm der Commerzbank allemal. Die Strategien sollten weiterhin so ernsthaft verfolgt und publik gemacht werden, damit sich die Vorurteile in den Köpfen der Gesellschaft weiterhin abbauen und sich andere Unternehmen an diesen Ideen ein Beispiel nehmen können.

6.2.3.2 Deutsche Post AG: 'Frauen fordern - Frauen fördern'

Die Deutsche Post AG ist der größte Arbeitgeber für Frauen in Deutschland. Mit 48% stellen sie bei dem Unternehmen fast die Hälfte aller Beschäftigten. Doch stellt man sich den Unternehmensaufbau als eine Pyramide vor, dann findet man die Frauen noch immer überwiegend an der Basis.

Das Konzept zur Gleichstellung von Frauen und Männern bei der Deutschen Post AG soll nun einen Handlungsrahmen bieten, der gemeinsam mit den betrieblichen Interessensvertretungen und Tarifpartnern ausgefüllt wird. Dabei finden folgende Themen besondere Beachtung:

♦ Berufliche Qualifikation, Perspektiven und Karriere von Frauen

♦ Vereinbarkeit von Beruf und Familie

♦ Rückkehr nach familienbedingter Berufspause. (vgl. o. V., 1997: Konzept zur Gleichstellung zwischen Frauen und Männern bei der Deutschen Post)

Das Ziel der Gleichstellungspolitik und Frauenförderung bei der Deutschen Post AG ist grundsätzlich die Förderung aller Mitarbeiterinnen und Mitarbeiter nach individuellem Potential. Des Weiteren ist eine besondere Zielsetzung des Unternehmens die Gewinnung von Frauen für Führungsaufgaben auf allen Ebenen. (vgl. Göbel, 1997) Mit welchen Maßnahmen, Ideen und Initiativen die Deutsche Post AG dieses Ziel erreichen will, steht in ihrer Hochglanzbroschüre jedoch nicht beschrieben. Überhaupt ist dieses Gleichstellungskonzept gekennzeichnet von allgemeinen Äußerungen und Formulierungen, die teilweise sehr gönnerhaft wirken. Letztendlich werden die in allen Frauenförderprogrammen enthaltenen Themen und Probleme der Chancengleichheit, der Vereinbarkeit von Beruf und Familie, der Wiedereinstiegsmöglichkeit nach dem Erziehungsurlaub und der flexiblen Arbeitszeitmodelle aufgeführt, die konkreten Beispiele zur Durchführung fehlen allerdings.

Nachfolgende Aussagen aus dem Gleichstellungskonzept der Deutschen Post AG sollen hier stellvertretend für den Gesamteindruck des Programms stehen:

♦ *„Wir freuen uns, wenn Frauen die Gelegenheit beim Schopf packen und die Chancen nutzen. Dazu müssen sie sich zunächst regelmäßig über unser Weiterbildungsangebot informieren. Bei Bedarf werden wir spezielle Seminare zur Frauenförderung ins Programm nehmen."* (Göbel, 1997, S. 8)

- *„Frauen haben es selbst in der Hand, immer mehr entscheidende Stellen zu besetzen."* (ebenda, S. 6) Im Rahmen dieser Arbeit wurde mehr als einmal dargelegt, dass das eben nicht der Fall ist bzw. nicht ausreicht, in die entscheidenden Positionen vorzudringen.
- *„Wenn Frauen sich dafür entscheiden, die Unternehmenspyramide der Deutschen Post AG hinaufzuklettern, stellen wir die Leiter dazu bereit. Nur Mut!"* (ebenda)
- *„Wer einen interessanten Beruf nicht für die Familie aufgeben will, der darf ihn während des Erziehungsurlaubs nicht ganz aus dem Blickfeld verlieren. ... Geplant ist, dass junge Mütter und Väter an unseren Lehrgängen teilnehmen können - wo immer Plätze frei sind. Damit sie während des Erziehungsurlaubs nichts von dem vergessen, was sie bei uns gelernt haben, können sie dann zwischendurch auch mal eine Arbeitsvertretung übernehmen oder vorübergehend in einer Projektgruppe mitarbeiten."* (ebenda, S. 9) Jeder Kommentar zu solchen Formulierungen eines Förderprogramms ist an dieser Stelle überflüssig.
- *„Die Deutsche Post AG eröffnet ihren Mitarbeiterinnen und Mitarbeitern schon jetzt Perspektiven durch variable Arbeitszeitmodelle, die sich individuellen und betrieblichen Bedürfnissen anpassen lassen."* (ebenda, S. 10)

Zusammenfassend kann festgehalten werden, dass sich das Förderprogramm der Deutschen Post AG erheblich von dem der Commerzbank unterscheidet. Es dient in erster Linie der Imageprofilierung und liefert mehr allgemein verfasste Werbebotschaften als konkrete Beispiele, Ideen und Maßnahmen, wie man mit dem Potential der Frauen „als innovatives Unternehmen in die Zukunft gehen will." Die Darstellungen der Deutschen Post AG zur Chancengleichheit der Frauen sind mit so vielen 'wenn'-, 'kann'-, und 'aber'-Bedingungen verbunden, dass sich der weibliche Führungskräftenachwuchs in diesem Unternehmen sicher nicht unbedingt bestärkt und motiviert fühlt, in die entsprechenden Positionen aufzusteigen. So gesehen sind die Meinungen der Kritiker (u. a. Brumlop, Hornung, 1994) in bezug auf diverse Frauenförderprogramme durchaus gerechtfertigt, wenn sie denn nicht dem eigentlichen Ziel, nämlich der Förderung von Frauen und ihrer Gleichstellung auf allen Gebieten, dienen.

6.2.3.3 DaimlerChrysler

In einer von DaimlerChrysler herausgegebenen Erklärung verpflichtet sich das Unternehmen zur Chancengleichheit in der Personalpolitik und deren Umsetzung. In diesem Zusammenhang werden Initiativen zur Flexibilisierung am Arbeitsplatz und für die Vereinbarkeit von Familie und Beruf genannt. (vgl. Eaton, Schrempp, 1998)

Eine Bestandsaufnahme beinhaltet folgende Zahlen und Fakten aus dem Konzern: (Stand 12/1997)

Aktive Belegschaft DaimlerChrysler Konzern gesamt: 213.584

Anteil der Frauen an der aktiven Belegschaft: 13 %

Anteil der Frauen in den einzelnen Unternehmensbereichen:

- DaimlerChrysler AG   11 %
- Dasa   14 %
- debis   28 %
- Direkt geführte Beteiligungen   18 %

Auszubildende	gesamt 9.176	davon 16 % Frauen
Praktikanten	gesamt 2.506	davon 19 % Frauen
Akademiker (FH, BA, HS)	gesamt 33.582	davon 8 % Frauen
Führungskräfte	gesamt 14.928	davon 3,4 % Frauen
Teilzeitbeschäftigte	gesamt 6.235	davon 80 % Frauen

Teilzeitquote Konzern 3,1 %

Quelle: o. V. in: Chancengleichheit im DaimlerChrysler Konzern (Standort Deutschland) ...ein personalpolitischer Schwerpunkt, 1999, S. 11

Konkret sehen die Maßnahmen des DaimlerChrysler Konzerns zur Chancengleichheit und Frauenförderung wie folgt aus:

1. Personalmarketing, Ausbildung und Einstellung

- Gezieltes Personalmarketing durch Akquisition und Beratung von Bewerberinnen technischer Studiengänge; z. B. werden Workshops mit angehenden Ingenieurinnen sowie Bewerberinnenseminare für FH- und Hochschulabsolventinnen durchgeführt.

◆ Durch Schnupperpraktika, Berufsberatung vor Ort und Teilnahme an den Baden-Württemberger Mädchen-Technik-Tagen wird versucht, Mädchen für eine technische Berufsausbildung zu gewinnen. Allerdings beträgt der Anteil der Bewerbungen von Frauen für eine technische Berufsausbildung im Konzern nur ca. 7 %.

2. Personalentwicklung

◆ Im Rahmen der Personalentwicklung erfolgt eine schrittweise, kontinuierliche Erhöhung des Anteils an weiblichen Führungskräften durch verstärkte Einstellungen von qualifizierten Frauen in die Nachwuchsgruppe (derzeit sind ca. 33 % Frauen in der internationalen Nachwuchsgruppe)

◆ Im Rahmen der Führungskräfteplanung und -entwicklung erfolgt in regelmäßigen Abständen für Frauen und Männer eine flächendeckende Potentialerhebung im Konzern. Für 1998/99 ist geplant, dass insbesondere für weibliche Potentialträgerinnen für Fach- und Führungspositionen verstärkt Fördergespräche und Entwicklungspläne durchgeführt werden.

3. Weiterbildung

In verschiedenen Bereichen und Standorten des Konzerns werden 2zielgruppenspezifische Seminare und Workshops durchgeführt. Beispiele für solche Veranstaltungen sind:

◆ Informations- und Dialogtreffen für Frauen und Männer im Erziehungsurlaub
◆ Wiedereinstiegsseminare
◆ Persönliche und berufliche Standortbestimmung für Frauen
◆ Rhetorikkurse
◆ Lebens- und Karriereplanung für Frauen
◆ Eltern- und Väterseminare

4. Arbeitsorganisation/Arbeitszeitflexibilisierung

◆ Innerhalb des DaimlerChrysler Konzerns existieren weit über 100 verschiedene, zum Teil individuell zugeschnittene Angebotsvarianten, die von Angestellten und Arbeitern sowie - mit wenigen Ausnahmen - auch von Führungskräften in Anspruch genommen werden. Um die Akzeptanz der Mitarbeiter bei flexiblen Arbeitszeitmodellen zu erreichen, werden oftmals Mitarbeiter bei deren Entwicklung einbezogen.

- 1997 wurden an verschiedenen Standorten der Fahrzeugproduktion Pilotbetriebs-vereinbarungen zur Telearbeit abgeschlossen, deren Chancen- und damit Zielset-zungen lauten:

  ⇒ Flexibilisierung der Arbeitsorganisation

  ⇒ Steigerung von Motivation und Identifikation durch wachsende Eigen-verantwortung

  ⇒ Steigerung individueller Produktivität und Qualität

  ⇒ bessere Vereinbarkeit von Familie und Beruf

- Seit Januar 1998 ist das Modell der Altersteilzeit bei der DaimlerChrysler AG ein-geführt. Sie hat Pilotcharakter für viele andere Firmen in Deutschland und gibt den ArbeitnehmerInnen die Möglichkeit, den Übergang in die dritte Lebensphase früher zu realisieren.

5. Vereinbarkeit von Familie und Beruf

- Bereits 1989 wurde eine Betriebsvereinbarung zur besseren Vereinbarkeit von Familie und Beruf für Frauen und Männer abgeschlossen. Im Anschluss an den gesetzlichen Erziehungsurlaub kann eine betriebliche Familienpause in Anspruch genommen werden:

  ⇒ bei einem Kind bis zur Vollendung des siebten Lebensjahres

  ⇒ bei jedem weiteren Kind bis maximal zehn Jahre ab Geburt des ersten Kindes

- 1992 wurde eine Betriebsvereinbarung zur Häuslichen Krankenpflege, die die Frei-stellung zur Pflege von Angehörigen beinhaltet, abgeschlossen.

- In beiden Betriebsvereinbarungen ist eine Wiedereinstellungszusage geregelt.

- Seit 1994 besteht ein Kooperationsvertrag mit dem Familienservice, der die Mitar-beiter und Mitarbeiterinnen des Konzerns bei der Suche nach individuellen Kin-derbetreuungsmöglichkeiten unterstützt.

- 1999 wird mit dem Bau eines Betriebskindergartens für ca. 160 MitarbeiterInnen-kinder am Standort Möhringen begonnen.

Seit 1995 besteht ein internes Frauennetzwerk am Standort Stuttgart mit über 100 engagierten Frauen aus den unterschiedlichsten Bereichen des Konzerns. Ziele des Netzwerkes sind u. a. Schaffen von Verbindungen und Austausch von Erfahrungen und Informationen, einen Beitrag zur offenen Unternehmenskultur leisten, damit Impulse setzen und mit Diskussionsveranstaltungen Vorstände und männliche Führungskräfte sensibilisieren (vgl. o. V., 1999 in: Chancengleichheit im DaimlerChrysler Konzern [Standort Deutschland] ...ein personalpolitischer Schwerpunkt)

Hervorzuheben zum Thema Leitungspositionen innerhalb des Unternehmens ist eine Anleitungsbroschüre mit Handlungsimpulsen für Führungskräfte. Darin werden einige der im Betrieb relevanten Spannungsfelder aufgegriffen, wobei die Broschüre sensibilisieren soll, möglichst früh Spannungen und Probleme zu erkennen. Des Weiteren soll sie Impulse geben, in Problemsituationen verbindlich und lösungsorientiert zu handeln. Innerbetriebliche Beratungsangebote stehen den MitarbeiterInnen zur Verfügung, um Störungen und Konflikte in der täglichen Zusammenarbeit rechtzeitig beheben zu können.

Ein spezielles Frauenförderprogramm gibt es bei der DaimlerChrysler AG nicht, im Konzept zur Chancengleichheit sind jedoch die wesentlichen Inhalte und Ziele dieser Programme festgehalten und mit konkreten Beispielen belegt. Trotz des relativ geringen Frauenanteils im Konzern, werden umfangreiche Aktivitäten zur Unterstützung und Förderung der Mitarbeiterinnen und weiblichen Führungskräfte angeboten. Positiv ist sicher auch das Bemühen von DaimlerChrysler zu bewerten, bereits an den Schulen mit entsprechenden Maßnahmen Mädchen zu einer technischen Berufsausbildung zu bewegen. Somit leistet das Unternehmen einen Beitrag zur Einschränkung der vorherrschenden geschlechtsspezifischen Fächerwahl, die oben schon mehrfach diskutiert wurde.

6.2.3.4 Volkswagen AG

Als einer der ersten deutschen Konzerne hat sich der Wolfsburger Automobilhersteller bereits Mitte der 1980er Jahre aktiv mit der Frauenfrage auseinandergesetzt. Mit der 1989 zwischen Vorstand und Gesamtbetriebsrat geschlossenen Betriebsvereinbarung 'Grundsätze zur Frauenförderung' verpflichtete sich das Unternehmen, Maßnahmen zur tatsächlichen Gleichstellung von Männern und Frauen schrittweise umzusetzen. (vgl. Dreesbach, 1998)

Das erklärte Ziel der AG ist die qualitative, quantitative und strukturelle Steigerung des Frauenanteils an der Belegschaft insgesamt, bei qualifizierten Tätigkeiten sowie auf allen Leitungs- und Führungsebenen.

Zur erfolgreichen Umsetzung dieser Zielbestimmung wurde 1991 die Abteilung Frauenförderung eingerichtet, die seit 1995 Konzernfunktion hat. Seit 1992 gibt es Frauenbeauftragte vor Ort in Braunschweig, Salzgitter, Kassel und Hannover sowie in Emden ein dreiköpfiges Frauenförderteam. Zur Unterstützung und Begleitung aller Maßnahmen wurde 1992 die Kommission zur Frauenförderung institutionalisiert, die sich aus den Personalleitern der Werke, den Frauenbeauftragten und dem Ausschuss zur Gleichstellung der Frauen des Gesamtbetriebes zusammensetzt, halbjährlich Soll-Ist-Vergleiche vornimmt und dem Personalvorstand berichtet. (vgl. Hartz zit. in: Dreesbach, 1998) Inwieweit die Berichterstattung einen Einfluss auf zukünftige Maßnahmen hat, wird jedoch nicht erklärt.

Bei der Volkswagen AG spricht man von einzelnen Bausteinen des Programmes, deren Inhalte sich nach Zielgruppen (weibliche Belegschaft insgesamt, Frauen in qualifizierte Tätigkeiten, weibliche Fach- und Führungskräfte) und aktuellen Themen im Unternehmen richten. Sie umfassen Berufswahlorientierung, Beschäftigungsperspektiven, Vereinbarkeit von Erwerbs- und Erziehungsarbeit, partnerschaftliches Verhalten am Arbeitsplatz, Arbeits(zeit)gestaltung, Qualifizierungsangebote speziell für Frauen, interne und externe Frauennetzwerke sowie Information und Beratung. (vgl. o. V.: Frauenförderung bei Volkswagen, S. 6) Diese Themenschwerpunkte wurden in der Broschüre nur genannt, Beschreibungen dieser Initiativen, so dass Frauen sich daran orientieren können, fehlen leider. Die nachfolgenden Informationen über die Aktivitäten des Unternehmens zur Förderung von Frauen entstammen Pressemitteilungen.

In Zusammenhang mit den Maßnahmen zur Vereinbarkeit von Erwerbs- und Erziehungsarbeit wurden durch vielfältige Arbeitszeitmodelle und Angebote zur Kinderbetreuung auch Anreize geschaffen, um verstärkt Männer an der Erziehungsarbeit zu beteiligen. Das Wiedereinstiegsprogramm mit Kinderbetreuung beinhaltet, dass nach dem gesetzlichen bzw. nach dem um fünf Jahre verlängerten Erziehungsurlaub eine qualifizierte Rückkehr in das Unternehmen ermöglicht wird. (vgl. Dreesbach, 1998)

Wie nach acht Jahren der Abwesenheit noch von Qualifikation gesprochen werden kann, ist jedoch fraglich. Denn Angaben zur Weiterbildung während des Erziehungsurlaubes konnten den Unterlagen nicht entnommen werden. Außerdem werden keine Aussagen bezüglich der verschiedenen Arbeitszeitmodelle und deren Gültigkeit für Führungskräfte getroffen.

Kreativ zeigt sich die Volkswagen AG aber bei der Auswahl ihrer Seminare für ihre weiblichen „High Potentials". Bei einem dreitägigen Outdoor-Training im Sommer 1998 im Management-, Bildungs- und Kommunikationszentrum Rhode kletterten 16 Teilnehmerinnen zwischen 29 und 45 Jahren aus allen Inlandswerken auf Bäume, gingen über Stahlseile in sechs Metern Höhe und ließen sich von einem acht Meter hohen Mast fallen. Sie erhielten Aufgaben, die sie nicht allein, sondern nur im Team lösen konnten; statt Individualismus war Gruppensinn und Gemeinschaftsgeist gefragt. Dadurch sollten die Teamfähigkeit und Führungsqualitäten der Frauen gefördert werden. Die Teilnehmerinnen wurden mit Situationen konfrontiert, die sie aufforderten, ihre Grenzen zu übersteigen. Dabei bekamen sie Aufschluss über die eigene Herangehensweise an Herausforderungen. Ein wichtiges Ziel, das mit den Outdoor-Kursen verfolgt wurde, ist, dass die Frauen hinterher weiter Kontakt untereinander halten und ein Netzwerk aufbauen sollten, was nach dem letzten Seminar gelungen war. (vgl. Benstem, 1998; vgl. Elfers, 1998)

Mit ihrer Teilnahme an dem internationalen EU-Verbundprojekt 'New Opportunities for Women' (NOW) hat sich die Volkswagen AG das ehrgeizige Ziel gesteckt, in den kommenden fünf Jahren 30 % aller Fach- und Führungspositionen mit Frauen zu besetzen. (vgl. Klitzke zit. in: Rannenberg, 1998) Der derzeitige Anteil der Frauen an diesen Positionen beträgt 8 %. Dieses bislang einmalige Konzept soll Frauen den Zugang zu Führungspositionen erleichtern. Kernstück von NOW ist ein Mentorenprogramm, in dem erstmalig 1998 18 erfahrene Führungskräfte als persönliche Berater 18 weiblichen Nachwuchsführungskräften zur Seite standen. Die Manager unterstützten die Frauen in ihrer Karriereplanung, gaben Erfahrungen weiter und halfen ihnen bei Managementfragen. In der ersten Phase formulierten Mentoren und Mentees, was sie voneinander erwarteten. In der zweiten Jahreshälfte trafen sich die Teams zum Gedanken- und Erfahrungsaustausch. Wichtig war bei den Gruppen, dass sowohl die männlichen Mentoren als auch die hoffnungsvollen Nachwuchskräfte ein

Qualifikationsprogramm unter psychologischer und wissenschaftlicher Begleitung durchlaufen mussten. (vgl. Rannenberg, 1998) Nach erfolgreichem Abschluss des Pilotprojektes und dessen Auswertung soll ein *„flächendeckendes Programm"* (Klitzke zit. in: Rannenberg, 1998) entwickelt werden.

Bei der Volkswagen AG liegt nicht nur die Absichtserklärung vor, den Anteil an weiblichen Fach- und Führungskräften zu erhöhen, sondern werden auch gezielt Projekte und Vereinbarungen getroffen, die diese unterstützen, z. B. das 'Outdoor Training' und NOW. Auf die Umsetzung der oben genannten Programminhalte wird jedoch nicht in ihren Broschüren sondern nur teilweise in Zeitungsartikeln eingegangen, was für interessierte Frauen Umstände bei der Informationsbeschaffung bedeutet. Das könnte einerseits auf Imagepflege hinweisen. Andererseits wird die Öffentlichkeit aber über die Ziele der Volkswagen AG informiert und kann die Erfolge kontrollieren. Es fehlen jedoch konkrete Angaben zu den einzelnen Schwerpunkten der Frauenförderung, insbesondere zur Arbeitszeitflexibilisierung für Führungskräfte und zu Schulungsplänen für Frauen (und Männer) während des Elternurlaubs.

6.2.3.5 IBM Deutschland

Der erste und gleichzeitig wichtigste IBM Unternehmensgrundsatz beinhaltet die *„Achtung vor den Rechten und der Würde jedes einzelnen Mitarbeiters"*, woraus sich das Prinzip der Chancengleichheit ableitet. Bereits 1976 wurde von IBM ein entsprechendes Programm eingeführt, um die Voraussetzungen für Frauen beim Eintritt ins Erwerbsleben und ihre Möglichkeiten im Berufsleben zu verbessern. Für die erfolgreiche Umsetzung und Durchführung der Aktionen wurde 1982 die Funktion 'Beauftragte für Chancengleichheit' eingeführt und das Programm in die bereits bestehenden personalpolitischen Grundsätze der IBM eingebunden. Das bedeutet, dass das Thema auch als fester Bestandteil in die Führungskräfteschulung aufgenommen wurde, um die Entwicklung und Förderung von Frauen in höhere Positionen zu unterstreichen. (vgl. o. V.: Beruf und Familie, S. 6)

IBM Deutschland sieht das Haupthindernis für den geringen Frauenanteil an der Gesamtbelegschaft und an Führungspositionen in der Studienwahl der Frauen, also in der Vernachlässigung der technischen und naturwissenschaftlichen Fächer. (vgl. Biallo, 1993, S. 183) Mit dem 1987 ins Leben gerufenen 'Stipendiumsprogramm für Abiturientinnen zum Studium der Natur- und Ingenieurwissenschaften' will IBM einerseits Frauen ermutigen, zukunftsorientierte und beschäftigungssichere Qualifikationen anzustreben und andererseits weibliches Potential auf dem Arbeitsmarkt zu schaffen, um ihre Politik der Chancengleichheit erfolgreich fortsetzen zu können. Denn immer noch ist der Frauenanteil in technischen Studienrichtungen, die sie für eine Führungsposition beispielsweise bei IBM qualifizieren würden, weniger als 10 %. Im Rahmen des Programms wurden bislang mehr als 60 Stipendiatinnen gefördert. (vgl. o. V.: Beruf und Familie, S. 6)

Die Vereinbarkeit von Familie und Beruf sieht IBM Deutschland als eine der wesentlichen Vorbedingungen für echte Chancengleichheit. Deshalb bietet das Unternehmen seinen MitarbeiterInnen zahlreiche Möglichkeiten, um berufsorientierte Interessen mit familiären Aufgaben zu vereinbaren, denn *„Eigenverantwortung, Selbststeuerung und zeitliche Gestaltungsmöglichkeiten machen zunehmend die Attraktivität eines Arbeitsplatzes aus."* (o. V.: Beruf und Familie, S. 8)

Den MitarbeiterInnen stehen durch den Ende 1995 zwischen ISG und DAG geschlossenen Tarifvertrag über die Vereinbarkeit von Beruf und Familie verschiedene Varianten hinsichtlich Arbeitszeit und -platz zur Auswahl. So besteht beispielsweise das Angebot, dass die IBM-MitarbeiterInnen befristet (für einen Zeitraum von maximal 36 Monaten) oder dauerhaft eine Reduzierung ihrer bisherigen Arbeitszeit bis maximal 36 Stunden beantragen können (Teilzeit). Die variable Arbeitszeit ermöglicht bei einem finanziellen (Teil-)ausgleich, die Arbeitszeit befristet bis zu drei Jahren (mit Verlängerungsmöglichkeit) auf bis zu 20 Stunden in der Woche zu reduzieren oder auf bis zu 42 Stunden zu erhöhen. Die Einführung von Telearbeit richtet sich vor allem an hochqualifizierte MitarbeiterInnen, deren Know-how dem Unternehmen erhalten bleibt, weil sie sich nicht vor der Entscheidung „Beruf oder Familie" gestellt sehen. (vgl. o. V.: Beruf und Familie, S. 8 ff.) Die betreffenden MitarbeiterInnen können sich individuell zwischen diesen Angeboten entscheiden, wobei eine Kombination der drei Varianten ebenfalls möglich ist. Da nicht explizit darauf hingewiesen wird, dass Führungskräfte diese Möglichkeiten ebenfalls nutzen dürfen und da die Formulierungen (z. B. *„...werden die Ziele individuell zwischen Telearbeiter und Führungskraft* *abgestimmt*") eher das Gegenteil vermuten lassen, kann diesbezüglich ein Manko in dem Programm festgestellt werden.

Während der Erziehungszeit (maximal sechs Jahre beim ersten Kind, bei der Geburt weiterer Kinder in dieser Zeit bis maximal zehn Jahre) kann beispielsweise die Arbeitszeit auf mindestens 19 Stunden pro Woche reduziert werden, anstatt das Arbeitsverhältnis ruhen zu lassen. Während der Erziehungspause besteht die Möglichkeit, einerseits durch Urlaubs- und Krankheitsvertretungen den Kontakt zur praktischen Tätigkeit zu erhalten und andererseits sich durch die Teilnahme an Schulungsmaßnahmen weiterzubilden. (vgl. o. V.: Beruf und Familie, S. 13)

Außerdem unterstützt IBM Deutschland bundesweit finanziell die Arbeit der Organisation 'Familienservice', die als Gegenleistung den IBM MitarbeiterInnen kostenlos bei der Suche nach geeigneten, individuellen Betreuungsmöglichkeiten für ihre Kinder (z. B. bei Dienstreisen, während der Ferien, bei der ganztägigen Betreuung während der Arbeitszeit) behilflich ist.
Der Anfang der 1990er Jahre von IBM Mitarbeitern und anderen im Kreis ansässigen Industrieunternehmen und Selbständigen gegründete 'Verein für Ganztägige Kinderbetreuung Landkreis Böblingen e.V.' (Wippe '90) will das Angebot an qualifizierter und pädagogisch wertvoller Ganztagsbetreuung von Kindern im Vorschulalter im Landkreis verbessern. In den ersten vier Jahren unterstützte IBM Deutschland den Verein mit einer Anschubfinanzierung in Höhe von rund 600.000 Mark, um dadurch schnell dem Mangel an Ganztagesbetreuungsmöglichkeiten entgegenwirken zu können. (vgl. o. V.: Beruf und Familie, S. 15)

Während IBM Deutschland hauptsächlich Rahmenbedingungen für eine Chancengleichheit schafft, beschäftigt sich IBM International konkret mit der Stärkung der Frau in den Unternehmen und im Bereich der Informationstechnologie. Dazu wurde 1997 der IBM EWLC (EMEA Women's Leadership Council) gegründet, dessen Mitglieder in ihren jeweiligen Ländern als Botschafter und treibende Kraft für Erneuerungen agieren sollen. Der EWLC definierte vier Schwerpunkte seiner Arbeit: Einstellung und Karriereförderung, Gleichgewicht zwischen Arbeits- und Privatleben, Mentorprogramme und Aufbau von Netzwerken, mit denen sie den Anteil der Frauen an Führungspositionen erhöhen wollen. Es sind inzwischen wesentlich mehr Frauen an

Programmen zur Managemententwicklung, an neuen Mentoraktionen und am Aufbau von Netzwerken beteiligt. (vgl. Alsop, 1998, S. 10)

Der Frauenanteil an Führungspositionen bei IBM Deutschland erhöhte sich um 32 %. 1991 betrug der Frauenanteil an der Gesamtbelegschaft 16,5 %, im oberen Management 2,3 %, in den mittleren Führungskräftebereichen 5,6 % und in den Fachlaufbahnen 10 %. (vgl. Biallo, 1993, S. 183) Unter Berücksichtigung der Erhöhung (um 32 %) könnte sich ein Anteil von ca. 12 % in den Fachlaufbahnen, von ca. 7 % im mittleren Management und von ca. 3 % im oberen Management ergeben. Es fehlen jedoch aktuelle Zahlen zur heutigen geschlechtsspezifischen Verteilung in den Führungsetagen.

6.2.3.6 Gannett (USA)

Gannett Co., Inc. ist ein großes Medienunternehmen in den Vereinigten Staaten, dem 75 Tageszeitungen, darunter die USA TODAY mit einer täglichen Auflage von ca. 6,7 Millionen Zeitungen, und 21 Fernsehstationen mit 16.6 % Marktanteil gehören. Die ca. 39.000 Angestellten erwirtschafteten 1998 einen Umsatz von 5,1 Billionen Dollar. (o. V., 1999: Gannett Company Profile) Der Frauenanteil im Unternehmen beträgt 46,1 %, im board of directors 33,3 % und in allen Leitungs- und Führungspositionen 39,4 %. (vgl. o. V., 1998: Gannett Co. The Numbers don't lie)

Gannetts Erfolg bei der Einstellung und Beförderung von Frauen und Minderheiten ist seinem 'Business of People diversity program' zu verdanken. Schon 1980, mit der Einführung des ersten Diversity Programmes 'Partners in Progress' wollte das Unternehmen im Mitarbeiterstab sowohl seine organisatorischen Ziele als auch die verschiedensten Gruppen vertreten wissen. Gannett ist bewusst, dass seine Haltung zu Frauen und Minoritäten sich in seinen Produkten widerspiegelt und deren Erfolg ausmacht. Denn im Melting Pott USA treffen Menschen unterschiedlicher Rassen, Überzeugungen, Hautfarben, Religionen, Geschlechter, Alter, sexueller Orientierungen etc. aufeinander. Diversity bedeutet also ein Marktvorteil durch die Interessenvertretung der unterschiedlichsten Gruppen in den Zeitungen und Sendungen.

Deshalb achtet Gannett bei der Auswahl, Einstellung und Beförderung seines Personals auf Vielfältigkeit und Mannigfaltigkeit: *„We recognize and appreciate the benefits
of diversity in the workplace. People who share this belief or reflect a diverse back-
ground are encouraged to apply."* (o. V., 1997: Gannett diversity initiatives)

In diesem Zusammenhang führt das Unternehmen beispielsweise Schulungen durch,
damit sich die MitarbeiterInnen mit den Zielen vertraut machen und danach handeln
können. Dazu zählen z. B. Orientation Program, Managing Workplace Diversity, Arti-
cles on Gay/Lesbian Issues, 'Making Sense of Differencees'. (o. V., 1997: Gannett
diversity initiatives) Gannett erzieht seine MitarbeiterInnen zu Respekt, Toleranz und
Verständnis gegenüber den verschiedensten Gruppen und propagiert Chancengleichheit in der Öffentlichkeit.

Informationen über die Inhalte der Seminare, die Möglichkeiten der Arbeitszeitflexibilisierung und Programme zur Vereinbarkeit von Familie und Beruf liegen nicht vor. Es
werden jedoch Schulungen angeboten, die den Managern individuelle Lösungsansätze für ihren Verantwortlichkeitsbereich vorschlagen.

6.2.4 Schlussfolgerung und kritische Auseinandersetzung

Während BISCHOFF (1986) nach ihren umfangreichen Interviewstudien zur Ansicht
kommt, dass die meisten Unternehmen über Maßnahmen der Frauenförderung weder nachdenken noch diskutieren, finden sich seit Anfang der 1990er Jahre durchaus
Indizien für ein gewachsenes Interesse und eine größere Offenheit für dieses Thema.
Als ein erster Hinweis in diese Richtung wurde durch die Interviewer die bemerkenswert hohe Rücklaufquote der diesbezüglich durchgeführten Forschungen gewertet.
Des Weiteren zeigt die Tatsache, dass beinahe die Hälfte der von SCHULTZ-
GAMBARD ET AL. (1993) befragten Unternehmen über Arbeitskreise oder Projekt-
gruppen zum Thema verfügen, ebenfalls knapp 50 % allgemeine Frauenfördermaß-
nahmen eingeführt haben bzw. planen und diese Absichten auch in Betriebsvereinbarungen verankert wurden, ein wachsendes Engagement der Unternehmen in
Sachen Frauenförderung.

Gleichzeitig muss jedoch auch erwähnt werden, dass von denjenigen Firmen, die nicht über gezielte Frauenfördermaßnahmen verfügen, ein Drittel keine Notwendigkeit für derartige Maßnahmen sieht. Dabei handelt es sich in der Regel um männerdominierte Branchen, in denen Frauen ohnehin eine untergeordnete Rolle spielen. Ein weiteres Drittel gibt zur Antwort, für die fehlende Frauenförderung lägen keine besonderen Gründe vor, was eine gewissen Gleichgültigkeit bzw. Ignoranz dem Thema gegenüber ausdrückt. Diese Ergebnisse implizieren, dass gerade in männerdominierten Branchen durchaus noch Aufklärungsarbeit und Bewusstseinsbildung betrieben werden muss, um festgefahrene Vorstellungen und Vorurteile verändern zu können (vgl. Schultz-Gambard et al., 1993) und erklären möglicherweise die geringe Zunahme der Unternehmen, die sich seit Mitte der 1980er Jahre für die Frauenförderung entschieden haben. Die Zahl wuchs nur auf 90 Unternehmen bis 1992. (vgl. Brumlop, Hornung, 1994, S. 836 ff.)

BRUMLOP und HORNUNG (1994) führten eine Untersuchung zur betrieblichen Frauenförderung im Jahre 1992 durch, in der sie Programme von insgesamt 94 Unternehmen aus den Bereichen der Chemie-, Metall- und Nahrungsmittelindustrie, sowie des Einzelhandels, der Banken und Versicherungen, der Bergbau- und Energiewirtschaft, darunter auch die oben angeführten deutschen Unternehmen, auf ihre Maßnahmen analysierten. In ihre Recherchen bezogen sie sämtliche Einzelgewerkschaften, 40 Arbeitgeberverbindungen und 200 Großunternehmen, darunter die 100 umsatzstärksten, aus den Bereichen Industrie und Dienstleistungsgewerbe ein. Man kann also davon ausgehen, dass ihre Schlussfolgerungen aufgrund der großen Stichprobe als repräsentativ anzusehen sind. Im Folgenden sollen deshalb ihre Ergebnisse und Schlussfolgerungen dargestellt werden.

Nach einer eingehenden Inhalts- und Strukturanalyse von Betriebsvereinbarungen, Rahmenvereinbarungen, Tarifverträge zur Frauenförderung und Absichts- und Grundsatzerklärungen zur Frauenförderung stellten sie Gemeinsamkeiten und Unterschiede hinsichtlich Branche, Unternehmensgröße, Regelungsmodi, Gründe für die Frauenförderung und Programminhalte fest.

Das größte Engagement bezüglich der Einführung von Frauenförderprogrammen wurde in der Chemieindustrie nachgewiesen, wo 39 Unternehmen, darunter die 20 größten, entsprechende Vereinbarungen getroffen haben. Wobei hier einschränkend die Hoechst AG angeführt werden soll, die ihr Referat für Familien- und Frauenpolitik eingestellt hat, was jedoch nicht auf den Misserfolg des Programmes sondern auf Umstrukturierungen zurückzuführen war. Ebenso antworteten Opel und BMW nicht auf die Anfrage nach Zusendung ihres Programmes, obwohl sie zu den 17 Unternehmen der Metallindustrie gehörten, die nach BRUMLOP und HORNUNG Förderprogramme für Frauen anboten. Des weiteren wurden 1992 zehn Banken gefunden, die Maßnahmen zur Förderung von Frauen eingeführt haben, wobei bei der Deutschen Bank und Dresdner Bank heute offensichtlich keine entsprechenden Vereinbarungen mehr gelten, da sie nicht auf die Anfrage reagierten. Die Gründe für die geringe Resonanz sind nicht nachvollziehbar, liegen aber hoffentlich in dem damit verbundenen Aufwand und nicht in der Abschaffung der Maßnahmen. Zahlenmäßig gering sind Frauenförderprogramme in solchen Branchen, in denen der Anteil der beschäftigten Frauen traditionell besonders niedrig ist, wie z. B. der Eisen- und Stahlindustrie, der Maschinenbau und der Bauwirtschaft.

Frauenförderung wird fast ausschließlich von florierenden Großunternehmen praktiziert und ist eher selten in den weniger florierenden „Frauenbranchen" (z. B. Hotel- und Gaststättengewerbe), in denen Frauen den größten Teil der Arbeitskräfte ausmachen. Da der Anteil der an- und ungelernten Frauen gerade in diesen Bereichen sehr hoch ist, sollte es darauf ankommen, Überlegungen zu einer Gleichstellungspolitik anzustellen, um ihnen Entwicklungschancen innerhalb des Unternehmens zu bieten und gegen die traditionellen Rollenmuster zu agieren (siehe Kapitel 3.2.2). (vgl. Brumlop, Hornung, 1994, S. 839)

Betrachtet man die Verteilung von Frauenfördermaßnahmen nach Branchen und Betriebsgröße, so stellt sich die Frage, ob es bei den bisher realisierten Programmen tatsächlich um die Entwicklung wirksamer Strategien zum Abbau der Benachteiligungen von Frauen im Erwerbsleben geht. „Legen doch die aufwendigen Pressekampagnen, mit denen viele Programme an die Öffentlichkeit gebracht werden, eher den Verdacht nahe, dass es den betreffenden Unternehmen vor allem um Imagepflege geht: das Image des frauenfreundlichsten Arbeitgebers, des frauenfreundlichen Anbieters von Waren und Dienstleistungen, der mit anderen Konkurrenten um die Gunst der weiblichen 'homo oeconomica' buhlt, um die selbstbewusste Bankkundin, die an-

spruchsvolle Autofahrerin, die gesundheitsbewusste Konsumentin." (ebenda) Frauenförderung könnte aber auch ein Regulierungsinstrument betrieblicher Personalpolitik sein, das Großunternehmen, je nach Konjunktur und Arbeitsmarktsituation, dazu einsetzen, kurzfristiger Arbeitskräfteknappheit durch die verstärkte Rekrutierung und Weiterbildung von Frauen entgegenzuwirken.

Zur Beantwortung dieser Frage, müssen die bisher realisierten Maßnahmen in den einzelnen Unternehmen überprüft werden, ob präzise, einklagbare Zielvorgaben darüber bestehen, in welchen Bereichen und in welchem Zeitraum wieviele Frauen ausgebildet, eingestellt, weiterqualifiziert und befördert werden sollen, so dass Kontrollen diesbezüglich durchgeführt werden können. (vgl. ebenda)

Die einzelnen Förderprogramme konzentrieren sich auf bestimmte Handlungsfelder, wobei dabei 90 % der Unternehmen ihre Schwerpunkte auf die Vereinbarkeit von Familie und Beruf sowie auf die Arbeitszeitflexibilisierung, meist in Form von Teilzeit, legen. Hingegen werden Maßnahmen, die darüber hinausgehen, häufig abgelehnt. Beispielsweise sind, obwohl die meisten Unternehmen eine geschlechtsneutrale Stellenbesetzungspraxis befürworten, gemischtgeschlechtliche Auswahlgremien, die unterschwellig ablaufenden Benachteiligungen entgegenwirken könnten, noch längst nicht die Regel. Frauenförderung durch die verstärkte Beteiligung von Frauen an Aus-, Fort- und Weiterbildung sowie an Führungskräfteprogrammen sind kaum mehr als *„symbolhafte Absichtserklärungen."* (Brumlop, Hornung, 1994, S. 840) Als positives Beispiel soll die Commerzbank genannt werden, die in ihrem 'Consens'-Programm alle Handlungsfelder einbezieht, um ihrer Absicht, den Frauenanteil in Führungspositionen zu erhöhen, Ausdruck zu verleihen.

Die Berichterstattungspflicht über die Realisierung der Maßnahmen, Instanzen wie die Funktion der Frauenbeauftragte, die für die Gleichstellung im Betrieb zuständig ist und die Entwicklung kontrolliert und Sanktionsmaßnahmen für den Fall, dass Pläne nicht oder nur unzureichend erstellt werden, sind noch keine festen Bestandteile in den Programmen. Aber auch wenn der Betriebsrat und die Unternehmensleitung eine Frauenbeauftragte berufen, wie beispielsweise bei der Volkswagen AG, haben diese meist Kompetenzprobleme und es besteht die Gefahr, dass sie vor allem der Imagepflege dienen. (ebenda, S. 848)

Die meisten Programme zur Vereinbarkeit von Familie und Beruf richten sich an Väter und Mütter. Das Angebot auf unbezahlte Verlängerung des gesetzlichen Erziehungsurlaubes, wie z. B. bei IBM auf sechs Jahre und bei Volkswagen um fünf Jahre, klingt verlockend, wobei meist die einmalige Inanspruchnahme der Maßnahme festgeschrieben wird. Das heißt, dass die Unterbrechung der Erwerbstätigkeit an einem Stück und von nur einem Elternteil - meist von der weniger verdienenden Mutter - erfolgen muss. Traditionelle Rollenmuster bleiben dadurch erhalten.

Geringe betriebliche Unterstützung erfahren bislang Managerinnen, was die Möglichkeiten zur Vereinbarkeit von Familie und Karriere betrifft, denn nicht selten sind außertarifliche und leitende Angestellte von einer Inanspruchnahme mit der Begründung ausgeschlossen, dass für hochqualifizierte Beschäftigte eine längere Unterbrechungszeit ohnehin nicht in Frage käme, was jedoch letztendlich bedeutet, dass Führungspositionen auch weiterhin mit familiären Verpflichtungen nicht in Einklang zu bringen sind. Gleichzeitig sind jedoch auch betriebliche Kinderbetreuungsmöglichkeiten nur wenig verbreitet, so dass für die Mehrzahl karriereorientierter Frauen mit Kindern das Dilemma zwischen Beruf und Familie bestehen bleibt. Programme, die eine Teilung des Erziehungsurlaubes zulassen und die auch Führungskräfte einbeziehen (z. B. Commerzbank), würden deshalb einen Fortschritt darstellen. Die Programme von IBM, Volkswagen und Deutsche Post scheitern daran.

Das Angebot auf Teilzeitarbeit scheint die Arbeitsmarktchancen für Frauen zu erhöhen, indem es einen alternativen Weg zur Vereinbarkeit von Familie und Beruf eröffnet. Das Problem liegt jedoch darin, dass einerseits die Unternehmen Teilzeitarbeit nur im Rahmen der „betrieblichen Möglichkeiten" anbieten und dass sich anderseits Teilzeitarbeit zumeist auf die gering qualifizierten Tätigkeiten beschränkt. Innovative Ansätze, wie Teilzeitmodelle für Führungskräfte, sind noch immer die Ausnahme. Die Commerzbank beweist, dass auch für ManagerInnen individuelle Teilzeitangebote entwickelt werden können. IBM wendet sich zumindest schon an seine qualifizierten Fachkräfte, um ihnen durch Telearbeit und Teilzeit, Spielräume für eine Vereinbarkeit von Familie und Beruf zu schaffen. Volkswagen AG und Deutsche Post AG treffen diesbezüglich keine klaren Aussagen.

Eine gezielte Förderung von Frauen in Führungspositionen erfolgt bislang nur zögerlich, hier wird meist auf allgemeine Personalförderungsstrategien verwiesen. Spezifisch auf Frauen zugeschnittene Führungskräftetrainings werden von den befragten Unternehmen selten angeboten, die Weiterbildung weiblicher Führungskräfte erfolgt in der Regel gemeinsam mit ihren männlichen Kollegen. Nur einige Programme (darunter Commerzbank und z.t. IBM) enthalten verbindliche und präzise Angaben zur Umsetzung der Bestimmungen zur Ausbildung, Stellenausschreibung, Einstellung und Aufstiegsförderung von Frauen.

Die speziellen Weiterbildungsangeboten (wie bei IBM) während des Elternurlaubs sollen den drohende Qualifikationsverlusten durch die Übernahme von Aushilfstätigkeiten und Urlaubsvertretungen entgegenwirken und erweitern dadurch die personalpolitischen Flexiblilisierungsspielräume.

Die allgemeinen und fachspezifischen Weiterbildungsmaßnahmen richten sich zumeist an qualifizierte und weniger an an- und ungelernte Frauen, wobei auf quantitative und zeitliche Vorgaben verzichtet wird. Vorschriften zu konkreten Maßnahmen zur Qualifizierung von Frauen für Führungspositionen fehlen weitgehend. (vgl. Brumlop, Hornung, 1994)

90 % der von BRUMLOP und HORNUNG untersuchten Unternehmen schlossen ihre Förderprogramme im Form einer Betriebsvereinbarung, einer Rahmenvereinbarung oder eines Haustarifvertrages ab. Inzwischen finden sich auch tarifvertragliche Vereinbarungen, die auf ein verstärktes Engagement der Gewerkschaften auf dem Feld betrieblicher Frauenförderung schließen lassen. Doch muss einschränkend angemerkt werden, dass sich diese Regelungen ausschließlich auf Teilzeitarbeit und Elternurlaub beschränken. (vgl. ebenda, S. 841)

Fasst man die zentralen Ergebnisse der Inhalts- und Strukturanalyse zusammen, dann scheint betriebliche Frauenförderung in ihrer gegenwärtigen Form kaum geeignet, bisherige starre, männlich geprägte Strukturen der Arbeitswelt aufzubrechen. Frauen, die aus familiären Gründen keiner Vollzeitbeschäftigung („Normalarbeitsverhältnis") nachgehen können, haben kaum Chancen für einen relevanten Aufstieg im Betrieb. Schenken Frauen dem verlockenden Angebot auf Elternurlaub glauben, könnten sie an ihrer Rückkehr beispielsweise wegen flauer Konjunktur gehindert oder mit schlechteren Arbeits- und Einkommensbedingungen konfrontiert werden. (vgl. ebenda)

Fest verbindliche Zusagen für Frauen werden die Unternehmen weiterhin verweigern, solange ein Unternehmer nicht genau die gleichen Risiken kalkulieren muss, wenn er einen männlichen, jungverheirateten Mitarbeiter einstellt oder befördert. Männliche Angestellte aber, die bereit sind, eine Familienpause einzulegen, sind die Ausnahme. Wenn Frauen und Männer nicht gleichermaßen darauf drängen, eine familienbedingte Berufsunterbrechung als „normale Phase" auf dem Weg auch in die Top-Positionen zu sehen, wird das Karrierehindernis „Kind" auch künftig nur die Frauen auf ihrem Weg nach oben (be-)hindern. Und die Unternehmen werden zwar die Förderung von Frauen imagewirksam verkaufen, die dabei aufkommenden Organisationsprobleme jedoch zu umgehen versuchen. (vgl. Neujahr-Schwachulla, Bauer, 1993)

7 RESÜMEE UND AUSBLICK

In der abschließenden Betrachtung soll die in der Arbeit behandelte Problematik noch einmal zusammengefasst werden. Des Weiteren wird versucht, einen Blick in die Zukunft zu werfen, in dem gleichzeitig Vorschläge und Lösungsansätze aufgeführt werden.

7.1 Zusammenfassende Betrachtung der Situation in den USA

Zu Beginn der Arbeit wurde die Entwicklung und die derzeitige Situation der US-amerikanischen Frauen in Führungspositionen dargestellt. Der folgende Teil soll einerseits das über die USA Geschriebene und Analysierte zusammenfassen und andererseits die sich daraus resultierenden Maßnahmen offen legen, die zukünftig einen zunehmenden Eintritt der Frauen ins Topmanagement bewirken werden. Dabei soll nochmals vergleichend auf die Entwicklung in Deutschland Bezug genommen werden.

Der Vergleich zwischen USA und Deutschland zeigte auf, dass in den beiden Ländern verschiedene historisch gewachsene Voraussetzungen für den Eintritt der Frauen in Führungspositionen existieren. Durch die Besiedlung und die anschließenden Immigrationsströme wurde die USA zu einem multikulturellen Land mit einer Vielzahl von Minderheiten. Da bereits in der amerikanischen Vergangenheit eine Minorität (die Afro-Amerikaner) durch Sklaverei und Ausbeutung unterdrückt wurde, schenkte die Öffentlichkeit besondere Aufmerksamkeit der Gleichbehandlung aller Gruppen. Durch Bürgerinitiativen und Frauengruppen, die in der Öffentlichkeit die Rechte von Minoritäten vertraten bzw. noch vertreten, wurde die Regierung unter Druck gesetzt, Gesetze und Bestimmungen zur Gleichbehandlung von benachteiligten Gruppen zu erlassen. Die Erfolge der *Affirmative Action* und des *Civil Right Act* wurden deutlich durch den sprunghaft angestiegenen Eintritt von Frauen in Führungspositionen in den 1970er Jahren.

Trotz eines Anteils von 46 % an der Erwerbsquote und 49 % an Führungspositionen konnten 1998 nur 11,1 % Frauen im *board of directors* registriert werden - ein Beispiel dafür, dass Unternehmen Möglichkeiten gefunden haben bzw. finden, um diese

Gesetze zu unterlaufen. Denn es wäre kaum zu glauben, dass es zehn Mal mehr Männer gibt, fir besser qualifiziert sind als Frauen, um den Aufgaben im *board* nachzukommen, da einerseits auch zunehmend Frauen seit den 1970er Jahren Erfahrungen im Management sammeln und da andererseits mittlerweile mehr Frauen als Männer die Colleges besuchen und ein Studium abschließen. Einschränkend muss hier jedoch auf die Fächerwahl der Frauen hingewiesen werden, durch die sie sich teilweise selbst ins Abseits stellen.

Der Vorteil, dass mittlerweile 49 % aller verantwortungsvollen Positionen an Frauen vergeben wurden, liegt einerseits im Aufbau und der Vergrößerung der Netzwerke, die weibliche Führungs(nachwuchs)kräfte durch Kontakte zu erfolgreichen Managerinnen bei ihrer Karriere unterstützen. Andererseits werden immer mehr Männer mit qualifizierten Frauen konfrontiert, die ihnen weisungsberechtigt sind, so dass sicherlich einige ihre Meinung über die Rolle der Frau überdenken.

Die Männer an den Unternehmensspitzen können also einen Prozess in Gang setzen, der Vorurteile gegenüber Frauen abbaut und die Auswirkungen von Geschlechterstereotype wirksam in den Griff bekommt. Die Unternehmen sollten also die Vorreiterrolle übernehmen und Frauen wegen ihrer Fähigkeiten und weniger wegen der verlangten Quoten einstellen und öffentlich hinter dieser Politik stehen. Erst dann werden sich Einstellungsänderungen in der Gesellschaft vollziehen.

Das Förderprogramm von Gannett Co. ist ein positives Beispiel, wie ein Unternehmen in der Öffentlichkeit Stellung zu Frauen und Minderheiten in Führungspositionen und generell im Erwerbsleben beziehen kann. Da leider nur dieses amerikanische Programm zur Verfügung stand, können keine Aussagen getroffen werden, inwieweit andere Firmen ihrer Verantwortung gegenüber Frauen und Minoritäten nachkommen. Es gibt jedoch schon zahlreiche amerikanischen Unternehmen, die mit einer beachtlichen Zahl von weiblichen Führungskräften zusammenarbeiten (siehe Kapitel 2.2.7). In ihnen sind wahrscheinlich Voraussetzungen geschaffen wurden, die Frauen durch Flexiblilisierungsmaßnahmen die Möglichkeit zur Vereinbarkeit von Beruf und Familie schaffen.

Außerdem wäre in diesem Zusammenhang ein Vergleich von Förderprogrammen der global tätigen Unternehmen wie DaimlerChrysler und IBM interessant gewesen, um Gemeinsamkeiten und Unterschiede in ihrer Frauenförderung herauszufinden.

Aus der Arbeit ist jedoch hervorgegangen,

♦ dass die Benachteiligung von Frauen bei ihrer Karriereentwicklung in den USA eher erkannt wurde als in Deutschland,

♦ dass Organisationen - viel energischer als in Deutschland - für die Rechte und gegen die Benachteiligung der Frauen gekämpft haben,

♦ dass durch diesen öffentlichen Druck die amerikanische Regierung zu expliziten Bestimmungen und Gesetzen gegen die Ungleichbehandlung gezwungen wurde,

♦ dass es dadurch zu einem zunehmenden Eintritt von Frauen in Führungspositionen gekommen ist,

♦ dass auch amerikanische Frauen bis heute noch nicht das Glasdach (*„glas ceiling"*) in das Topmanagement durchbrechen konnten und

♦ dass in beiden Ländern ähnliche Hindernisse bestehen.

Von einer Gleichstellung kann also in den USA noch lange nicht gesprochen werden, auch wenn die Vereinigten Staaten Deutschland weit voraus sind. Trotz der unterschiedlichen Entwicklung, der Gesetze und Bestimmungen sowie der größeren Zahl der weiblichen Studienabgänger, können nicht nennenswert mehr Frauen im Topmanagement in den USA gezählt werden als in Deutschland. Ein Großteil der in dieser Arbeit aufgeführten Hindernisse gelten demzufolge kulturell unabhängig. (siehe Kapitel 3.2.2)

Der Hauptgrund, weshalb Unternehmensleitungen Frauen noch nicht auf allen Ebenen integrieren, ist ihr Festhalten an der Vergangenheit. Dieses Bild besagt, dass die Frauen sich eigentlich zu Hause um die Erziehung der Kinder kümmern sollten, dass sie ihre Karriere abbrechen oder auf einem bestimmten Niveau stagnieren lassen, weil ihre beruflichen Leistungen für sie nicht so wichtig sind wie für ihre männlichen Kollegen. SCHWARTZ ist der Meinung, *„dass sich diese Einstellungen wandeln werden, denn Unternehmer sind durch und durch realistische Menschen, und die Realitäten am Arbeitsplatz haben sich geändert. ... Das Topmanagement wird sich allmählich der Tatsache bewusst, dass die meisten Frauen einen Beruf ausüben wollen, der ihnen Erfüllung, Herausforderung und zumeist auch ein wirkliches Engagement in der*

Familie ermöglicht. Die Männer haben bereits begonnen, sich nach einem Leben zu sehen, dass mehr bietet als die bloße Erwerbstätigkeit." (Schwartz, 1993, S. 210)

Je mehr Unternehmen mit innovativen Flexibilisierungsprogrammen für berufstätige Eltern experimentieren, desto deutlicher wird es werden, dass Schwangerschaft, Geburten und Kindererziehung in der Arbeitswelt wirksam gehandhabt und die damit verbundenen Kosten minimiert werden können. Die Flexibilisierung wird die Frauen nicht in ihrer traditionellen häuslichen Rolle gefangen halten. Mit der Ausweitung der Rolle der Männer in der Kindererziehung wird es sogar deutlicher werden, dass nur die Tradition behauptet, Männer seien weniger fürsorglich als Frauen. (vgl. ebenda)

„All das ist Zukunftsmusik. Es ist die Realität des Möglichen, nicht der Gegenwart. Aber es wird nicht einfach so geschehen, und es wird nicht von anderen herbeigeführt werden. Jeder von uns muss zu dieser Erkenntnis gelangen, der Wahrheit ins Auge blicken, die wir heute so gerne leugnen, und Maßnahmen ergreifen, um die heutige Realität zu verändern. Nur dann wird das Ideal der Zukunft zur Realität der Gegenwart." (Schwartz, 1993, S. 215)

7.2 Zusammenfassende Betrachtung der Situation in Deutschland

Wie der vorliegenden Arbeit zu entnehmen ist und auch bewiesen wurde, bleibt der Zugang zu Macht- und Entscheidungspositionen vielen Frauen immer noch verwehrt. Nur 1,1 Mio. weibliche Führungskräfte stehen 3,5 Mio. Männern gegenüber. Geht man jedoch von den schulischen und beruflichen Voraussetzungen für die Position einer Führungskraft aus, sollten Frauen längst die gleichen Chancen wie Männer haben, Posten im Top-Management und den oberen Etagen anderer Organisationen, z. B. den Hochschulen übernehmen. Trotz bester schulischer und beruflicher Qualifikation bleibt der Weg nach oben steinig. Vorurteile und Rollenklischees, die vorrangig mit Frauen in Verbindung gebrachte Familienphase sowie mangelnde Aufgeschlossenheit gegenüber weiblichen Fähigkeiten und Führungsqualitäten sind wesentliche Gründe für die bestehende Ungleichheit in der Verteilung der Macht.

„Frauen in Führungspositionen sollten eine Selbstverständlichkeit werden. Führungsqualitäten bringen sie eine Menge mit, wie z. B. Durchsetzungsvermögen, Gründlichkeit, Bedachtsamkeit, Mitarbeiterumgang, Augenmaß und Weitsicht, vor allem aber eine Menge Bauch zum Kopf dazu ... Das Schlimmste für Frauen in Führungspositionen ist, wenn sie vergleichbare Leistung mit 140 % nachweisen müssen und wenn sie ständig unter Angriffs- und Rechtfertigungsdruck ob ihrer Position stehen", so Martina Lotzmann, Geschäftsführerin aus Leipzig. (Bundesministerium für Familie, Senioren, Frauen und Jugend, 1998 [1], S. 112)

Eine ordentliche Portion Frustrationstoleranz ist somit nicht selten vorhanden, denn Frauen müssen noch immer besser qualifiziert sein als Männer und verdienen trotzdem weniger. Eine Studie der 'Union der Leitenden Angestellten' bestätigt das uralte Klischee. Sie soll hier nochmals die diesbezüglich in der Arbeit gemachten Ausführungen unterstreichen und stellvertretend für andere Untersuchungen zu diesem Thema stehen, da letztendlich alle zu demselben Ergebnis kommen: Um in das gehobene Management zu klettern, muss frau mehr Leistung bringen - 33, 5 % der befragten Managerinnen konnten ein abgeschlossenes Hochschulstudium vorweisen, weitere 46,1 % einen Doktortitel. Bei den Männern hatten lediglich 25,1 % fertig studiert und nur 35,9 % promoviert. Trotzdem verdienen weibliche Angestellte immer noch entschieden weniger als ihre Kollegen. Hochschulabsolventinnen bringen es lediglich auf ca. 70 % des Einkommens von ebenbürtig ausgebildeten Männern. (vgl. http://focus.de/D/DB/DBQ/dbq.htm)

Der Trend der Karrierefrauen zeigt aber immerhin nach oben. Mittlerweile gibt es zahlreiche vorbildliche Aktionen, Projekte und Maßnahmen, die erfolgreich dazu bei-getragen haben, den Zugang von Frauen zu Führungspositionen zu erleichtern. Ge-nannt werden können in diesem Zusammenhang firmeninterne Förderprogramme (siehe auch Kapitel 6.1.4), diverse Frauennetzwerke, wie das 'Forum Frauen in der Wirtschaft', staatlich unterstützte Kampagnen, wie 'Initiative gefragt! - Frauen ge-fragt!' oder verschiedene Aktionen, wie die oben bereits vorgestellte TOTAL E-QUALITY Prädikatsvergabe.

Frauen und Männer gemeinsam haben Grundlagen geschaffen, die Steine aus dem Weg zu räumen. Es sind aber noch längst nicht alle Nachteile und Hemmnisse besei-tigt, mit denen sich Frauen bei ihrer Karriere auseinandersetzen müssen, und es wird sicher noch eine geraume Zeit dauern, bis weibliche Führungskräfte zur 'Normalität' im Unternehmensalltag gehören. Die „männlichen Führungsetagen" sollten und müs-sen von den fachlichen Fähigkeiten der Frauen überzeugt sein und in ihnen ein neu-es qualifiziertes Leistungspotential erkennen, das es in den nächsten Jahren in ver-stärktem Maße auszuschöpfen gilt. Folglich werden immer mehr Frauen mit qualifizierter Ausbildung und der Fähigkeit, Menschen zu führen, für die Unterneh-men zur Besetzung leitender Positionen in Zukunft unentbehrlich. Diese Notwendig-keit der verstärkten Rekrutierung von Frauen für Führungspositionen verlangt, dass die Unternehmen schon zum heutigen Zeitpunkt Frauen gezielter die Möglichkeit er-öffnen, in ihrem Beruf Karriere zu machen, ohne sie vor die Wahl zwischen Familie und Karriere zu stellen.

Welchen konkreten Beitrag können die Unternehmen und auch die Frauen selbst in Zukunft leisten, damit sich der Anteil der weiblichen Führungskräfte erhöht ? Und welche Möglichkeiten gibt es, die Chancengleichheit bei der Besetzung von Füh-rungspositionen zu realisieren und zu gewährleisten? Mit einer Beantwortung dieser Fragen in Verbindung mit einem Blick in die Zukunft beschäftigt sich nun das ab-schließende Kapitel.

7.3 Zukunftsaussichten

„Frauen müssen endlich lernen, sich besser zu verkaufen", so Carola Held vom Expertinnen-Beratungsnetz-Hamburg. *„Dazu gehört gezielte Karriereplanung, eine Portion Selbstbewusstsein und viel Eigeninitiative"*. (http://focus.de/D/DB/DBQ/dbq.htm)

Zur Karriereplanung sei an dieser Stelle nur soviel gesagt, dass in Zukunft mehr Frauen denn je Ausbildungsgänge absolvieren müssen, die als adäquater Einstieg in eine Karriere gelten. Das heißt nichts anderes, als dass sich Frauen mit ihren Ausbildungen und Studien konsequent am Bedarf der Wirtschaft orientieren müssen, beispielsweise in den zukunftsträchtigen Bereichen Informatik, Elektrotechnik und Maschinenbau.

Was die Motivation bei der Planung angeht, so kann zumindest denjenigen Frauen, die heute bereit sind, der Karriere Priorität in ihrem Leben einzuräumen, diese ohne weiteres bescheinigt werden. Es steht also zur Frage, ob neben der Ausbildung und dem Wunsch nach einer Karriere die Frauen auch die persönlichen Voraussetzungen, sprich bestimmte Persönlichkeitsmerkmale und deren Ausprägungen mitbringen, um die Herausforderungen der Karriere anzunehmen und ihre Chancen wahrzunehmen. Sicher ist, dass sich viele Frauen aufgrund ihrer Sozialisation anders als Männer im Berufsleben verhalten. *„Da viele Prozesse im Berufsalltag häufig stark an männlichen Strukturen orientiert sind, müssen Frauen lernen, einen eigenen Stil zu finden und ihn auch durchzusetzen. Führungskräfte müssen wiederum unterschiedliche Vorgehensweisen von Frauen und Männern zulassen und akzeptieren. Nicht der Weg zum Ziel, sondern das Ergebnis sollte bewertet werden"*, rät Barbara David, Leiterin des Projekts 'Consens' bei der Commerzbank.

In den letzten Jahren hat es unzählige Erhebungen bei Personalfachleuten und Topmanagern gegeben, die feststellen wollten und sollten, welche Persönlichkeitsmerkmale zukünftige ManagerInnen in besonderer Ausprägung haben sollten. Zu den Anforderungen, die in Zukunft wahrscheinlich am häufigsten erfüllt sein müssen, zählen Menschenumgang & Kommunikationsfähigkeit, Motivation, Antrieb & Energie, fachliche, analytische & konzeptionelle Fähigkeiten, Erfüllen von Zielvereinbarungen sowie Entschlossenheit & Durchhaltevermögen. (vgl. Internationales Management Institut zit. in: Bischoff, 1990)

Wie auch in anderen Aussagen über zukünftige Qualifikationen der Führungskräfte stehen die kommunikativen Fähigkeiten an vorderster Stelle; Fähigkeiten, die den männlichen Managern heutzutage nicht selten abgesprochen werden. Denn Kommunikation verläuft nicht einseitig. Männern fällt es meist schwer zuzuhören, und genau das erwartet man von den Frauen: Sie sollen ihre kommunikativen Fähigkeiten in jeder Richtung in Führungspositionen einsetzen und zur Entfaltung bringen.

Vor dem Hintergrund der hier und in Verbindung mit den bereits oben vorgestellten und erläuterten Führungsqualifikationen wird deutlich, dass in Zukunft Führungskräfte nicht immer nur durch die bisher für erforderlich gehaltenen so genannten „harten" Eigenschaften beschrieben werden können, die als typisch männlich gelten, sondern dass die Anforderungen sich ausdehnen in solche Bereiche von Persönlichkeitsmerkmalen, die eher als typisch weiblich gelten. So werden in den meisten Anforderungskatalogen auch Eigenschaften wie emotionelle Stabilität, Sensibilität, Teamfähigkeit und Glaubwürdigkeit genannt. Es bleibt also festzustellen, dass es in Zukunft hoffentlich mehr Frauen denn je geben wird, die die fachliche Einstiegsqualifikation für eine Managementkarriere mitbringen und die ebenso die persönlichkeitsabhängigen Anforderungen, die für den Aufstieg qualifizieren, erfüllen. So stellen die zukünftigen Erwartungen an Führungskräfte nicht nur eine annehmbare Herausforderung an Frauen dar, weshalb sie die sich bietenden Chancen wahrnehmen sollten, sondern auch aus der Sicht der Unternehmen ergibt sich die Notwendigkeit, diese sich entwickelnden Potentiale im Interesse des Unternehmenserfolgs zu nutzen. (vgl. Bischoff, 1990)

Diese des Öfteren erhobenen Zweifel, ob Frauen genügend Einsatz und Engagement für ihre Arbeit mitbringen, um den beruflichen Anforderungen gerecht zu werden, können von Frauen auch nur dann ausgeräumt werden, wenn ihnen von Seiten der Unternehmen individuelle Förderungen, Unterstützungen und Hilfen angeboten werden, die sowohl Auswirkungen auf den beruflichen als auch auf den privaten Bereich haben und den Frauen somit ihre Doppelbelastung von Beruf und Familie erleichtern sollten. Durch spezielle soziale Betriebseinrichtungen und Einflussnahme auf traditionelle Denkweisen insbesondere der männlichen Mitarbeiter sollte die Unternehmensführung einerseits Anstoß dazu geben, verbreitete frauendiskriminierende Einstellungen und Verhaltensweisen abzubauen und andererseits mehr Frauen mit Familie Mut zu machen, zielstrebig eine berufliche Laufbahn zu verfolgen. Denn erst durch das Zusammenspiel aller betroffenen gesellschaftlichen Kräfte werden Strukturveränderungen realisiert werden können. (vgl. Neuhaus, 1988) Wenn in Zukunft also das Führungskräftenachwuchspotential nicht ausschließlich aus Männern bestehen soll, die auf familiäre Belange keine Rücksicht nehmen wollen, und aus Frauen, die auf Kinder zugunsten der Karriere verzichten wollen, dann muss nicht nur eine Veränderung der Rahmenbedingungen staatlicherseits gefordert werden, sondern dann muss auch eine verantwortliche Personalpolitik für den Führungskräftebereich Arbeitsbedingungen schaffen, die nicht von vornherein familienschädlich sind.

Das heißt, damit eine Karriere mit Kind realisierbar wird, muss die Organisation der Arbeitswelt an den Bedürfnissen der Frauen und auch der Männer orientiert sein. Dazu gehören neue Arbeitszeitkonzepte wie beispielsweise Job-Sharing, verschiedenartige Arbeitsplatz-Teilungsmodelle und mehr Teilzeitangebote ebenso für Führungsfunktionen. Besonders wenn es um Führungspositionen geht, stößt dieses Ansinnen häufig auf heftigen Widerstand. Im Bereich der Teilzeitarbeit in leitenden Positionen geht es jedoch nicht darum, Verantwortlichkeiten zu teilen, sondern Aufgabenbereiche sinnvoll zu entflechten. In der Praxis wird dies gewiss einen vermehrten Kommunikationsaufwand nach sich ziehen, ist aber realisierbar und wird bei einigen Unternehmen auch schon erfolgreich praktiziert.

Neben der Forderung nach flexibleren und familiengerechteren Arbeitszeitmodellen gestaltet sich auch die Betreuung der Kinder problematisch. Als Maßnahmen zur besseren Vereinbarkeit von Familien- und Berufsaufgaben wünschen sich die diesbezüglich in einer Untersuchung (vgl. Liebrecht zit. in: Autenrieth et al., 1993) befragten Managerinnen vor allem Ganztagsschulen und -kindergärten. Diese Vorkehrungen können sicherlich nicht nur auf Unternehmensebene durchgeführt werden. Solange aber neben den Öffnungszeiten auch die mangelnde Verfügbarkeit von Kindergartenplätzen ein Problem sind, sollte die Schaffung unternehmensbezogener Kindergartenplätze diskutiert werden. Denn in dieser Betreuungslücke können Initiativen der Unternehmen eine wirksame Hilfe für berufstätige Frauen sein. Betriebskindergärten oder die Anmietung von Kindergartenplätzen durch die Betriebe würden zu einer deutlichen Entlastung für Frauen führen und ihnen die Weiterführung der Berufstätigkeit erleichtern. Gleichzeitig wirken sich diese „frauenfreundlichen" Maßnahmen bei Stellenausschreibungen durchaus als Anziehungspunkt aus. So stellte man bei Hewlett Packard fest, dass sich seit der Einrichtung einer betrieblich geförderten und von einem freien Verein getragenen Kindertagesstätte deutlich mehr Frauen für die Arbeitsplätze bewarben. *„Das Angebot von Betreuungsmöglichkeiten nimmt den Frauen eine enorme Sorge ab",* resümiert die Personalreferentin bei Hewlett Packard. (zit. in: Neujahr-Schwachulla, Bauer, 1993)

Natürlich stehen diese Kindergartenplätze nicht nur Müttern, sondern auch Vätern zur Verfügung. Doch bei diesem Angebot wird einmal mehr das unterschiedliche Rollenverständnis von Männern und Frauen deutlich: zum Zeitpunkt der Darstellung nutzte bei Hewlett Packard nur ein einziger Mann das Betreuungsangebot. *„Mittelfristig müssen wir uns von den starren Denkmodellen ('Der Mann geht arbeiten, die Frau versorgt die Familie') verabschieden. Das ist kein Votum für eine dogmatische Umkehr der Rollen oder ein Plädoyer für die Berufstätigkeit beider Elternteile. Vielmehr sollten die vielfältigen Optionen, die heute bestehen, so genutzt werden, dass in dem Mikrokosmos Partnerschaft/Familie möglichst jeder das tun kann, was ihm liegt und Spaß macht. Eine Aufgabenteilung, die man vornimmt, nur weil das 'schon immer so war', sollte es nicht mehr geben",* so Klaus Müller-Gebel, Personalvorstand der Commerzbank (zit. in: David, 1998)

Grundsätzlich geht es den Frauen mit ihren Forderungen sicher nicht um Privilegien gegenüber ihren männlichen Kollegen. Offenere Arbeitszeitkonzepte, die mehr persönliche Flexibilität ermöglichen sowie Kinderbetreuungsmöglichkeiten stehen natürlich beiden Geschlechtern offen, denn es geht vielen Frauen auch gerade darum, die Männer zunehmend in die Familienverantwortung mit einzubeziehen. Wenn das Nachdenken und die Diskussion über Frauenfördermaßnahmen schließlich zu Ergebnissen führt, die auch den Männern im Management gestatten, gewisse Rücksichten auf familiäre Belange zu nehmen, dann ist die Komplementarität zu den Interessen der Männer gewahrt.

In Zukunft muss also von Unternehmensseite verstärkt dafür Sorge getragen werden, dass Chancengleichheit weiterhin ein aktuelles Thema bleibt. In Frauenförderprogrammen dürfen nicht nur Vorschläge gemacht, sie müssen auch umgesetzt werden. In Seminaren darf nicht nur klug diskutiert, es muss in der Praxis des Alltags danach gehandelt werden. Nur so ist es möglich, sich gemeinsam Schritt für Schritt einem beruflichen Alltagsleben zu nähern, in dem partnerschaftliches, gleichberechtigtes Zusammenarbeiten von Frauen und Männern zur Normalität wird. Nur dann wird es einem Unternehmen zukünftig möglich sein, für sich die Besten aus dem Führungskräftenachwuchspotential zu gewinnen und nicht nur die Auswahl unter den wenigen treffen zu müssen, die für sich die Entscheidung getroffen haben, die Prioritäten ihres Lebens ausschließlich zugunsten der Karriere zu setzen. Gerade im Hinblick auf die künftigen Anforderungen an Führungskräfte muss das Potential derjenigen, die zur Karriere bereit sind, vergrößert werden. Karrierechancen für Frauen werden den Unternehmenserfolg langfristig sichern, denn dieser hängt ausnahmslos von den Leistungen aller MitarbeiterInnen ab. Es sollte also Hoffnung und Verpflichtung zugleich sein, dass Frauen und Männer miteinander in die Zukunft gehen, in Berufen und Positionen, die ihren Qualifikationen, Leistungen und Wünschen entsprechen.

LITERATURVERZEICHNIS

Aburdene, Patricia und Naisbitt, John, 1993: Megatrends - Frauen, Düsseldorf, Wien, New York, Moskau

Alfen-Baum, Elke, Höhn, Monika und Schnittler, Ralph, 1993: Frauenförderung am Beispiel eines Dienstleistungsbereichs in: Mohnen-Behlau, Elgin und Meixner, Hanns-Eberhard [Hrsg.]: Frauenförderung in Verwaltungen und Wirtschaft, Berlin, Bonn, Regensburg S. 143-178

Alpern, Sara, 1993: In the Beginning - A History of Women in Management in: Fagenson, Ellen A. [Hrsg.]: Women in Management, Trends, Issues, and Challenges in Managerial Diversity, Newbury Park, London, New Delhi, S. 19-50

Alsop, Fiona, 1998: Zu 'neuen Ufern' ... in: Read.me, 12.98, Deutschland, o. O., o. S.

Assig, Dorothea und Mühlens, Erdtrud, 1993: Frauen und Karriereentwicklung - Hinterm Horizont geht's weiter in: Mohnen-Behlau, Elgin und Meixner, Hanns-Eberhard [Hrsg.]: Frauenförderung in Verwaltungen und Wirtschaft, Berlin, Bonn, Regensburg, S. 114-142

Bell, Ella L., Denton, Toni C. und Nkomo, Stella, 1993: Women of Color in Management - Toward an Inclusive Analysis in: Fagenson, Ellen A. [Hrsg.]: Women in Management, Trends, Issues, and Challenges in Managerial Diversity, Newbury Park, London, New Delhi, S. 105-129

Benstem, Barbara, 1998: Mutprobe in acht Meter Höhe in: Wolfsburger Nachrichten, 16. Juni 1998, o. O., o. S.

Berthoin Antal, Ariane und Izraeli, Dafna N., 1993: A Global Camparison of Women in Management - Women Managers in Their Homelands and as Expatriates in: Fagenson, Ellen A. [Hrsg.]: Women in Management, Trends, Issues, and Challenges in Managerial Diversity, Newbury Park, London, New Delhi, S. 52-95

Berthoin Antal, Ariane, 1988: Mehr Frauen ins Management in: Demmer, Christine [Hrsg.]: Frauen ins Management - Von der Reservearmee zur Begabungsreserve, Frankfurt am Main, S. 153-174

Biallo, Horst, 1993: Neue Karrierechancen für Frauen - 30 Berufsbilder, Wien

Bischoff, Sonja, 1990: Frauen zwischen Macht und Mann - Männer in der Defensive, Reinbek bei Hamburg

Bolte, Sabine, 1997: Die Förderung der Vereinbarkeit von Beruf und Familie - ein Themenschwerpunkt des Projekts „Frauen im modernen Banking" in der Commerzbank in: Wunder, Rolf und Dick, Petra [Hrsg.]: Frauen im Management - Kompetenzen - Führungsstile - Fördermodelle, Neuwied, Kriftel/Ts., Berlin, S. 387-406

Brumlop, Eva und Hornung, Ursula, 1994: Betriebliche Frauenförderung - Aufbrechen von Arbeitsmarktbarrieren oder Verfestigung traditioneller Rollenmuster? in: Beckmann, Petra [Hrsg.]: Arbeitsmarkt für Frauen 2000 - ein Schritt vor oder ein Schritt zurück?, Nürnberg, S. 836-851

Brumlop, Eva, 1993: Frauen im Management - Innovationspotential der Zukunft? - 'Neue Unternehmenskultur' und Geschlechterpolitk in: Ganter, Hans-Dieter und Schienstock, Gerd [Hrsg.]: Management aus soziologischer Sicht, Wiesbaden, S. 176-189

Bundesministerium für Familie, Senioren, Frauen und Jugend [Hrsg.], 1998 [1]: Aktionshandbuch zur Kampagne des Bundesministeriums für Familie, Senioren, Frauen und Jugend 1997/1998 'Initiative gefragt ! - Frauen gefragt !', Bonn

Bundesministerium für Familie, Senioren, Frauen und Jugend, 1996: Die Frauen der Welt 1995 - Trends und Statistiken, Bonn

Bundesministerium für Familie, Senioren, Frauen und Jugend, 1997: Nationale Strategien zur Umsetzung der Aktionsplattform der 4. Weltfrauenkonferenz, Bonn

Bundesministerium für Familie, Senioren, Frauen und Jugend, 1998 [2]: Frauen in der Bundesrepublik Deutschland, Bonn

Bundesministerium für Familie, Senioren, Frauen und Jugend, 1999: Gleichberechtigungsgesetz der Bundes, Bonn

Carls, Josefine, 1995: Women's legal rights in: Wersich, Rüdiger B. [Hrsg.]: USA Lexikon, Berlin, S. 757-759

Casper, Werner, 1990: Frauenerwerbstätigkeit, Frauenkarrieren und Frauenförderung, Rodgau

Colwill, Nina L., 1995: Sex Differences in: Vinnicombe, Susan und Colwill, Nina L. [Hrsg.]: The Essence of Women in Management, London, New York, Toronto, Sydney, Tokyo, Singapur, Madrid, Mexico City, München, S. 20-34

David, Barbara, 1998: Personalführung, Sonderdruck, 7/98, o. O.

Demmer, Christine [Hrsg.], 1988: Frauen ins Management - Von der Reservearmee zur Begabungsreserve, Wiesbaden

Demmer, Christine, 1988: Was Frauen fordern - wie Frauen fördern? in: Demmer, Christine [Hrsg.]: Frauen ins Management - Von der Reservearmee zur Begabungsreserve, Frankfurt am Main, S. 9-28

Dick, Ulla, 1992: Netzwerke und Bundesverbände für Frauen, Hamburg

Dobner, Elke, 1997: Wie Frauen führen - Innovation durch weibliche Führung, Heidelberg

Domsch, Michel und Regnet, Erika [Hrsg.], 1990: Weibliche Fach- und Führungskräfte - Wege zur Chancengleichheit, Stuttgart

Domsch, Michel und Regnet, Erika, 1990: Personalentwicklung für weibliche Fach- und Führungskräfte in: Domsch, Michel und Regnet, Erika [Hrsg.]: Weibliche Fach- und Führungskräfte - Wege zur Chancengleichheit, Stuttgart, S. 101-123

Domsch, Michel, 1990: Arbeitsmärkte für weibliche Fach- und Führungskräfte in: Domsch, Michel und Regnet, Erika [Hrsg.]: Weibliche Fach- und Führungskräfte - Wege zur Chancengleichheit, Stuttgart, S. 1-15

Dreesbach, Lutz E., 1998: Bei der Frauenförderung geht Volkswagen neue Wege in: Welt am Sonntag, o. O., 30. Mai 1998, o. S.

Eaton, Robert J. und Schrempp, Jürgen E., 1998: DaimlerChrysler, Erklärung zu Vielfalt und Chancengleichheit, o. O., o. S.

Eisler, Riane, 1991: Women, Men, and Management - Redesigning our Future in: Futures, Number 3-18, o. O., January/February 1991, S. 3-18

Elfers, Sven, 1998: Mit Karabiner auf die Karriereleiter in: Autogramm September 1998, o. O., o. S.

Fagenson, Ellen A. [Hrsg.], 1993: Women in Management, Trends, Issues, and Challenges in Managerial Diversity, Newbury Park, London, New Delhi

Fagenson, Ellen A., 1993: Diversity in Management - Introduction and the Importance of Women in Management in: Fagenson, Ellen A. [Hrsg.]: Women in Management, Trends, Issues, and Challenges in Managerial Diversity, Newbury Park, London, New Delhi, S. 3-17

Flessner, Reinhard, 1995: New Deal in: Wersich, Rüdiger B. [Hrsg.]: USA Lexikon, Berlin

Friedel-Howe, Heidrun, 1990: Zusammenarbeit von weiblichen und männlichen Fach- und Führungskräften in: Domsch, Michel und Regnet, Erika [Hrsg.]: Weibliche Fach- und Führungskräfte - Wege zur Chancengleichheit, Stuttgart, S. 16-34

Ganter, Hans-Dieter und Schienstock, Gerd [Hrsg.], 1993: Management aus soziologischer Sicht, Wiesbaden

Glaser, Connie und Steinberg-Smalley, Barbara, 1998: Die Delphin-Karriere, Landsberg/Lech

Göbel, Christina, 1997: Frauen fordern - Frauen fördern, Das Gleichstellungskonzept der Deutschen Post AG, Bonn (Broschüre)

Habermann, Doris, 1988: Ist die Biologie an allem Schuld? in: Demmer, Christine [Hrsg.]: Frauen ins Management - Von der Reservearmee zur Begabungsreserve, Frankfurt am Main, S. 55-75

Hadler, Antje, 1995: Frauen und Führungspositionen - Prognosen bis zum Jahr 2000, Frankfurt, Berlin, Bern, New York, Paris, Wien

Helgesen, Sally, 1992: Frauen führen anders - Vorteile eines neuen Führungsstils, Frankfurt, New York

Höllinger, Franz, 1991: Frauenerwerbstätigkeit und Wandel der Geschlechtsrollen im internationalen Vergleich in: Kölner Zeitschrift für Soziologie und Sozialpsychologie, 43, (4), o. O., S. 753-771

Holtfrerich, Karl-Ludwig [Hrsg.], 1991: Wirtschaft USA - Strukturen, Institutionen und Prozesse, München, Wien

http://focus.de/D/DB/DBQ/DBQC/dbqca.htm, 14. November 1998

http://focus.de/D/DB/DBQ/dbq.htm, 14. November 1998

http://focus.de/D/DB/DBQ/DBQC/dbqcc.htm, 14. November 1998

http://focus.de/D/DBQ/DBQB/dbqbe.htm, 14. November 1998

http://focus.de/D/DB/DBQ/DBQA/dbqa.htm, 14. November 1998

http://focus.de/D/DBQ/DBQB/dbqbf.htm, 14. November 1998

http://focus.de/D/DB/DBQ/DBQA/dbqaa.htm, 14. November 1998

http://focus.de/D/DB/DBQ/DBQA/dbqab.htm, 14. November 1998

http://www.avon.com/about/careers/diversity.html, 12. Februar 1999

http://www.bfbm.de/bfbm/bfbmweb.nsf/webseiten/angebot.start, 10. Mai 1999

http://www.catalystwomen.org/award1997.html, 12. Februar 1999

http://www.catalystwomen.org/press/facts1998wbd.html, 12. Februar 1999

http://www.catalystwomen.org/press/facts2c.html, 12. Februar 1999

http://www.catalystwomen.org/press/factscote98.html, 12. Februar 1999

http://www.catalystwomen.org/press/factslabor.html, 12. Februar 1999

http://www.catalystwomen.org/press/factsmothers.html, 12. Februar 1999 http://www.catalystwomen.org/press/factspt.html, 12. Februar 1999

http://www.catalystwomen.org/press/factswoc.html, 12. Februar 1999

http://www.catalystwomen.org/press/infobrief1.html, 12. Februar 1999

http://www.catalystwomen.org/press/infobrief2.html, 12. Februar 1999

http://www.catalystwomen.org/press/infobrief3.html, 12. Februar 1999

http://www.catalystwomen.org/press/infobriefboards.html, 12. Februar 1999

http://www.catalystwomen.org/press/infocorpleadership.html, 12. Februar 1999

http://www.catalystwomen.org/press/infocote.html, 12. Februar 1999

http://www.catalystwomen.org/press/infoflex.html, 12. Februar 1999

http://www.catalystwomen.org/press/release010799.html, 12. Februar 1999

http://www.catalystwomen.org/press/release0108.html, 12. Februar 1999

http://www.catalystwomen.org/press/release0120.html, 12. Februar 1999

http://www.catalystwomen.org/press/release0210.html, 12. Februar 1999

http://www.catalystwomen.org/press/release0224.html, 12. Februar 1999

http://www.catalystwomen.org/press/release0310.html, 12. Februar 1999

http://www.catalystwomen.org/press/release0331.html, 12. Februar 1999

http://www.catalystwomen.org/press/release1001.html, 12. Februar 1999

http://www.catalystwomen.org/press/release101598.html, 12. Februar 1999

http://www.catalystwomen.org/press/release1022.html, 12. Februar 1999

http://www.catalystwomen.org/press/release110998.html, 12. Februar 1999

http://www.catalystwomen.org/press/release1119.html, 12. Februar 1999

http://www.catalystwomen.org/press/release1211.html, 12. Februar 1999

http://www.dol.gov/dol/wb, 12. Februar 1999

http://www.nfwbo.org/news9803.htm#980304, 12. Februar 1999

http://www.nfwbo.org/rm011.htm, 12. Februar 1999

http://www.nfwbo.org/rm014.htm, 12. Februar 1999

http://www.nfwbo.org/rr001.htm, 12. Februar 1999

http://www.nfwbo.org/rr002.htm, 12. Februar 1999

http://www.nfwbo.org/rr003.htm, 12. Februar 1999

http://www.nfwbo.org/rr003.htm, 12. Februar 1999

http://www.nfwbo.org/rr013.htmv, 12. Februar 1999

http://www.nfwbo.org/rr024.htm, 12. Februar 1999

http://www.uni-koblenz.de/~doro/frauen.html, 14. November 1998

http://www.yahoo.de/schlagzeilen/19990506/politik/0923003480-0000004681.html,
10. Mai 1999

http://www2.dol.gov/dol/wb/public/media/reports/working.htm, 12. Februar 1999

http://www2.dol.gov/dol/wb/public/programs/fpcworth.htm, 12. Februar 1999

http://www2.dol.gov/dol/wb/public/wb_pubs/20fact97.htm, 12. Februar 1999

http://www2.dol.gov/dol/wb/public/wb_pubs/20lead97.htm, 12. Februar 1999

http://www2.dol.gov/dol/wb/public/wb_pubs/7996.htm, 12. Februar 1999

http://www2.dol.gov/dol/wb/public/wb_pubs/wmgt97.htm, 12. Februar 1999

http://www2.dol.gov/dol/wb/public/wb_pubs/wwmf1.htm, 12. Februar 1999

Kay, Rosemarie, 1998: Diskriminierung von Frauen bei der Personalauswahl - Problemanalyse und Gestaltungsempfehlungen, Wiesbaden

Klein, Uta, 1995: Returning to work - A challenge for women in: World of Work, The Magazine of the ILO, Number 12, o. O., May/June 1995, S. 15-17

Kleinsteuber, Hans J., 1974: Die USA - Politik, Wirtschaft, Gesellschaft - Eine Einführung, Hamburg

Kleinsteuber, Hans J., 1979: Die USA - Politik, Wirtschaft, Gesellschaft - Eine Einführung, Hamburg

Kramer, Helgard, 1995: Affirmative Action in: Wersich, Rüdiger B. [Hrsg.]: USA Lexikon, Berlin, S. 20-23

Kramer, Helgard, 1995: Equal Rights Amendment (ERA) in: Wersich, Rüdiger B. [Hrsg.]: USA Lexikon, Berlin, S. 259-261

Krebsbach-Gnath, Camilla und Schmid-Jörg, Ina, 1988: Wer Frauen will, muß Frauen fördern in: Demmer, Christine [Hrsg.]: Frauen ins Management - Von der Reservearmee zur Begabungsreserve, Frankfurt am Main, S. 179-216

Lagrave, Rose-Marie, 1995: Eine Emanzipation unter Vormundschaft. Frauenbildung und Frauenarbeit im 20. Jahrhundert in: Duby, Georges, Perrot, Michelle: Geschichte der Frauen, Band 5, Frankfurt/Main, New York, Paris S. 485-522

Lauber-Hemmig, Judith, 1988: Der Hürdenlauf zur „Beletage" in: Demmer, Christine [Hrsg.]: Frauen ins Management - Von der Reservearmee zur Begabungsreserve, Frankfurt am Main, S. 83-115

Lee, Barbara A., 1993: The Legal and Political Realities for Women Managers - The Barriers, the Opportunities and the Horizon Ahead in: Fagenson, Ellen A. [Hrsg.]: Women in Management, Trends, Issues, and Challenges in Managerial Diversity, Newbury Park, London, New Delhi, S. 246-272

Linde, Lisl, 1989: Frauen in Management, Wentorf

Loden, Marilyn, 1985: Als Frau im Unternehmen führen, Freiburg

Lötsch, Ingrid und Falconere, Irene, 1990: Berufliche Bildung in: Winkler, Gunnar [Hrsg.]: Frauenreport '90, Berlin, S. 37-54

Manning, Marilyn und Haddock, Patricia, 1991: Führungstechniken für Frauen - Ein Stufenplan für den Managementerfolg, Wien

Mascull, Bill, 1996: Keywords in Business - Helping learners with real English, London

Michel-Alder, Elisabeth, 1988: Erfahrungen aus den Vereinigten Staaten in: Demmer, Christine [Hrsg.]: Frauen ins Management: Von der Reservearmee zur Begabungsreserve, Frankfurt am Main, S. 263-277

Miethe, Horst, Radtke, Heidrun, Sallmon, Sylke, Lötsch, Ingrid und Ebert, Elvir, 1990: Berufstätigkeit in: Winkler, Gunnar [Hrsg.]: Frauenreport '90, Berlin, S. 55-100

Mohnen-Behlau, Elgin und Meixner, Hanns-Eberhard [Hrsg.], 1993: Frauenförderung in Verwaltungen und Wirtschaft, Berlin, Bonn, Regensburg

Mölleney, Matthias, 1997: Tendenzen bei der Förderung weiblicher Führungskräfte aus Sicht eines Personalchefs am Beispiel der Deutschen Lufthansa AG in: Wunder, Rolf und Dick, Petra [Hrsg.]: Frauen im Management - Kompetenzen - Führungsstile - Fördermodelle, Neuwied, Kriftel/Ts., Berlin, S. 443-456

Moore, Gwen, 1990: Structural Determinants of Men's and Women's Personal Networks in: American Sociological Review, Vol. 55, o. O., October 1990, S. 726-735

Moss Kanter, Rosabeth, 1989: The New Managerial Work in: Harvard Business Review, November/December 1989, Number 4, S. 85-92

Nave-Herz, Rosemarie, 1993: Die Geschichte der Frauenbewegung in Deutschland, Bonn

Neuhaus, Hella, 1988: Männer über Managerinnen in: Demmer, Christine [Hrsg.]: Frauen ins Management - Von der Reservearmee zur Begabungsreserve, Frankfurt am Main, S. 121-150

Neujahr-Schwachulla, Gaby und Bauer, Sibylle, 1993: Führungsfrauen - Anforderungen und Chancen in der Wirtschaft, Stuttgart

o. V., 1993: Unequal race to the top in: World of Work, The Magazine of the ILO, Number 2, o. O., February 1993, S. 6-7

o. V., 1997: Gannett diversity initiatives, o. O.

175

o. V., 1997: Konzept zur Gleichstellung von Frauen und Männern bei der Deutschen Post, Bonn (Broschüre)

o. V., 1998: Erkennen Sie Ihren Chef? in: XXLiving, Nummer 5, o. O., September/Oktober 1998, S. 28-29

o. V., 1998: Frauen in Führungspositionen - einsam an der Spitze in: Die Welt der Arbeit, Nr. 23, o. O., Mai 1998, S. 6-9

o. V., 1998: Gannett Co. The Numbers don't lie, in: Working Women, September 1998, o. O., o. S.

o. V., 1998: Gannett Co., Inc. Diversity: The Business of People, o. O.

o. V., 1998: Mentoring für Frauen - Drei Fragen an Nadja Tschirner in: Uni Magazin, o. O., 6/98, S. 4

o. V., 1998: Total E-Quality, Heft 2, Dezember 1998 (Broschüre)

o. V., 1999: Catalyst Infobrief, Women in Corporate Leadership, New York

o. V., 1999: Chancengleichheit im DaimlerChrysler Konzern (Standort: Deutschland) ...ein personalpolitischer Schwerpunkt, o. O. (Broschüre)

o. V., 1999: Flexibilisierung der Arbeitswelt bei der DaimlerChrysler AG (Deutschland), Beispiele und Erfahrungen aus dem Konzern, o. O. (Broschüre)

o. V., 1999: Gannett Company Profile, Arlington, 4. Februar 1999

o. V., o. J.: Beruf und Familie - Wege zu einer besseren Vereinbarkeit bei der IBM Deutschland Informationssysteme GmbH, o. O. (Broschüre)

o. V., o. J.: Bonner Forum, o. O. (Broschüre)

o. V., o. J.: Chancengleichheit in der Commerzbank: Das Projekt 'Consens', Frankfurt

o. V., o. J.: FAU Frauen als Unternehmerinnen e.V., o. O. (Broschüre)

o. V., o. J.: Frauenförderung bei Volkswagen, o. O. (Broschüre)

Parasuraman, Saroj und Greenhaus, Jeffrey H., 1993: Personal Portrait - The Life-Style of the Women Manager in: Fagenson, Ellen A. [Hrsg.]: Women in Management, Trends, Issues, and Challenges in Managerial Diversity, Newbury Park, London, New Delhi, S. 186-210

Pfeifer, Christel und Ditko, Peter H., 1998: Frauen, die Karriere machen, Düsseldorf, München

Presse- und Informationsamt der Bundesregierung, 1998: Informationen für Frauen, Bonn

Rannenberg, Wiebke, 1998: Gläserne Barrieren hemmen den Aufstieg in: Wolfsburger Nachrichten, o. O., 21. März 1998, o. S.

Regnet, Erika, 1997: Frau im Beruf - Stereotype und Aufstiegsbarrieren in: Wunder, Rolf und Dick, Petra [Hrsg.]: Frauen im Management - Kompetenzen - Führungsstile - Fördermodelle, Neuwied, Kriftel/Ts., Berlin, S. 241-265

Rohnstock, Katrin [Hrsg.], 1990: Frauen in die Offensive - Text und Arbeitspapiere, Berlin

Rosener, Judy B., 1990: Ways Women Lead in: Harvard Business Review, November/December 1990, Number 4, S. 119-125

Roßnagel, Gabriele, 1998: Mut statt Selbstkritik in: echo am Sonntag, Nummer 10, o. O., 22. November 1998, S. 4

Rudolph, Jochen, 1990: Langenscheidts Handbuch der englischen Wirtschaftssprache, Berlin, München, Wien, Zürich, New York

Sallzites, Hans-Jörg, 1994: Lexikon der englischen Wirtschafts- und Rechtssprache, Band 1, Englisch-Deutsch, München, Wien

Scholze, Siegfried, 1987: Zur Rolle der Frau in der Geschichte der DDR (1945-1981) - Eine Chronik, Leipzig

Schultz-Gambard, Jürgen Prof. Dr., Glunk, Ursula, Guldenschuh, Claudia und Helfert, Gabi, 1993: Maßnahmen deutscher Wirtschaftsunternehmen zur vermehrten Integration von Frauen in den Managementbereich - eine Bestandsaufnahme in: Zeitschrift für Frauenforschung, 11, (4), o. O., S. 17-32

Schupp, Ulrike, 1999: Mit Networking zum Ziel in: Unicumberuf: Das Magazin für Einstieg und Ausstieg, 2. Jahrgang, Nummer 1, o. O., Januar/Februar 1999, S. 14-15

Schwartz, Felice N., 1989: Management Women and the New Facts of Life in: Harvard Business Review, January/February 1989, Number 1, S. 65-76

Schwartz, Felice N., 1990: Business and Family - The Facts are changing in: Harvard Business Review, January/February 1990, Number 1, S. 194

Schwartz, Felice N., 1993: Frauenkarrieren. Ein Gewinn für Unternehmen, Frankfurt Main, New York

Statistisches Bundesamt, 1998: Im Blickpunkt - Frauen in Deutschland, Stuttgart

Stengel, Martin, 1990: Karriereorientierung und Karrieremotivation - Einstieg und Aufstieg von Frauen in Organisationen in: Domsch, Michel und Regnet, Erika [Hrsg.]:

[Hrsg.]: Weibliche Fach- und Führungskräfte - Wege zur Chancengleichheit, Stuttgart, S. 67-100

Stödter, Helga Dr., 1986: Frauen als Führungskräfte in der Wirtschaft, Hamburg

Stone, Nan, 1989: Mother's Work in: Harvard Business Review, September/October 1989, Number 3, S. 50-56

Sussner Rodgers, Fran und Rodgers, Charles, 1989: Business and the Facts of Family Life in: Harvard Business Review, November/December 1989, Number 4, S. 121-129

Thomas, R. Roosevelt Jr., 1990: From Affirmative Action to Affirming Diversity in: Business Review, March/April 1990, Number 2, S. 107-117

van Winsen, Christa, 1997: Die Stärke der Frauen sichtbar machen - Wie Frauen in Führungspositionen durch eigene Netzwerke Selbstsicherheit erfahren und Beweglichkeit gewinnen in: Wunder, Rolf und Dick, Petra [Hrsg.]: Frauen im Management - Kompetenzen - Führungsstile - Fördermodelle, Neuwied, Kriftel/Ts., Berlin, S. 296-313

Vinnicombe, Susan und Colewill, Nina L., 1995: Training, Mentoring and Networking in: Vinnicombe, Susan and Colwill, Nina L. [Hrsg.]: The Essence of Women in Management, London, New York, Toronto, Sydney, Tokyo, Singapur, Madrid, Mexico City, München, S. 74-91

von Rosenstiel, Lutz, 1997: Karrieremuster von Hochschulabsolventinnen in: Wunder, Rolf und Dick, Petra [Hrsg.]: Frauen im Management - Kompetenzen - Führungsstile - Fördermodelle, Neuwied, Kriftel/Ts., Berlin, S. 266-295

Wasser, Hartmut [Hrsg.], 1996: USA - Geschichte, Politik, Gesellschaft, Wirtschaft, Opladen

Weinert, Ansfried B., 1990: Geschlechtsspezifische Unterschiede im Führungs- und Leistungsverhalten in: Domsch, Michel und Regnet, Erika [Hrsg.]: Weibliche Fach- und Führungskräfte - Wege zur Chancengleichheit, Stuttgart, S. 35-66

Wersich, Rüdiger B. [Hrsg.], 1995: USA Lexikon, Berlin

Westerholt, Birgit, 1998: Frauen können führen, Weinheim, Basel

Wiermann, Sabine, 1999: Neue Studiengänge nur für Frauen in: Welt am Sonntag, Nummer 4, o. O., 4. April 1999, S. BR 1

Winkler, Gunnar [Hrsg.], 1990: Frauenreport '90, Berlin

Wunderer, Ralf und Dick, Petra [Hrsg.], 1997: Frauen im Management, Neuwied, Kriftel/Ts., Berlin

Ferber, ...:

Autenrieth, Christine, Chemnitzer, Karin und Domsch, Michel, 1993: Personalauswahl und -entwicklung von weiblichen Führungskräften, Frankfurt am Main, New
York

Rommelspacher, Birgit, 1995: Dominanzkultur - Texte zu Fremdheit und Macht, Berlin

o. V., 1998: Selbstanzeige in: women & work, Herbst '98, Hamburg, S. 97

www.ingramcontent.com/pod-product-compliance
Lightning Source LLC
Chambersburg PA
CBHW020836210326

41598CB00019B/1917